RITUELS D'ÉNERGIE

AROUNA LIPSCHITZ
STÉPHAN JAULIN

RITUELS D'ÉNERGIE

Secrets de santé
et de beauté
pour le corps
et l'âme

Le lotus & l'éléphant

Sommaire

Avant-Propos 10

LA MÉLODIE DU MATIN
La joie d'être en-vie 17

RITUEL 1 Respirer la vie 18

RITUEL 2 Au rythme du cœur 22

LE PLUS pour l'âme d'Arouna
L'intelligence du cœur 24

RITUEL 3 Une bouche saine 26

LE PLUS pour l'âme d'Arouna
Parler vrai 29

RITUEL 4 Réveiller la peau avec le brossage à sec 32

LE PLUS pour l'âme d'Arouna
L'amour de moi 36

RITUEL 5 Huiler ses rouages 39

LA MÉLODIE DU REPAS
L'appétit de vivre **41**

RITUEL **6** Eaux florales : eaux de Vie 45

LE PLUS pour l'âme d'Arouna
L'Amour : notre histoire d'eau 48

RITUEL **7** Se mettre au vert 51

LE PLUS pour l'âme d'Arouna
Que la Lumière soit ! 56

RITUEL **8** Fruits et légumes 60

LE PLUS pour l'âme d'Arouna
« De deux choses lune
L'autre c'est le soleil » 64

LA MÉLODIE DE L'APRÈS-MIDI
Arrêtez-vous à mi-chemin **71**

RITUEL **9** Des yeux heureux 75

LE PLUS pour l'âme d'Arouna
Vue sur l'infini 77

LA MÉLODIE DU COUCHER
Comme on fait son lit, on se couche **81**

RITUEL **10** Vivre sur un pied zen 85

LE PLUS pour l'âme d'Arouna
À chaque jour suffit
sa peine… et sa joie 88

RITUEL 11 La respiration consciente 90

LE PLUS pour l'âme d'Arouna
La danse du masculin-féminin 93

RITUEL 12 Détente du ventre 96

LE PLUS pour l'âme d'Arouna
Entrer dans la douceur 98

LA MÉLODIE DES MUSCLES
Le mouvement, c'est la vie 103

RITUEL 13 Rajeunir en mouvement 106

RITUEL 14 Solairement juvénile 108

LA MÉLODIE DES SAISONS
L'harmonie dans le changement 113

RITUEL 15 Se nourrir au rythme des saisons 118

RITUEL 16 L'automne, en demi-teintes 120

LE PLUS pour l'âme d'Arouna
On récolte ce qu'on sème 122

RITUEL 17 L'hiver, vive le vent 124

LE PLUS pour l'âme d'Arouna
Faire confiance au processus 126

RITUEL 18 Le printemps, le nouveau jardin 128

LE PLUS pour l'âme d'Arouna
Le nettoyage intérieur 130

RITUEL 19 L'été, la profusion luxuriante 132

LE PLUS pour l'âme d'Arouna
L'éclate sacrée 134

RITUEL 20 L'essence ciel,
les huiles essentielles 136

LE PLUS pour l'âme d'Arouna
Bien se sentir 142

RITUEL 21 La puissance de la Terre,
l'argile 144

LE PLUS pour l'âme d'Arouna
L'amour de la Terre 147

Prenez soin de vous.
Un choix spirituel 150

NOTES 154

À LÉA, DEPUIS TOUJOURS LÀ POUR MES LIVRES
À PRUNE, CATHY, SARAH
POUR LEURS RELECTURES PRÉCIEUSES.

LEGENDES

Textes d'Arouna
Textes de Stéphan

Avant-Propos

Ces 21 rituels composent la mélodie quotidienne de santé et de bien-être du naturopathe Stéphan Jaulin. Aujourd'hui, elle est devenue la mienne aussi !

J'ai rencontré Stéphan il y a trois ans.

Entre son approche énergétique-intuitive de la santé naturelle et mon approche spirituelle-initiatique de la beauté de l'âme, nous avons vite constaté que l'aspiration à la santé naturelle ET à la beauté dans tous les domaines était notre aspiration commune.

J'ai ri de la réticence de Stéphan à s'avouer que la beauté était aussi essentielle pour lui que la santé. Et nous avons ri ensemble de bon cœur lorsque je lui ai raconté que j'avais entendu un jour O.M. Aïvanhov[1] dire dans une de ses conférences que si Dieu n'était pas aussi beau, il ne l'aimerait pas autant. Pareil pour moi !

Depuis, je me suis réapproprié cette boutade et j'ai tranquillement assumé la formule « Beauté, beauté, mon seul souci ». D'autant que les explications d'Aïvanhov avaient à l'époque balayé toute équivoque sur le danger de pure vanité d'un tel positionnement.

1 Les notes sont réunies page 154.

Il avait expliqué que dans l'Arbre de Vie kabbaliste, l'esthétique est placée au-dessus de l'éthique. C'est la Couronne de l'Arbre. Sur le plan du cœur, l'éthique, nos valeurs sont l'expression concrète de notre esthétique, de notre amour du Beau. De même, que sur le plan physique, le rayonnement d'un être humain est une manifestation de la Beauté divine.

Le problème, c'est que faire rayonner cette Beauté qui existe en chacun de nous, femme ou homme, n'est pas une mince affaire. Il s'agit ni plus ni moins que d'incarner notre lumière intérieure, l'énergie spirituelle de notre âme. C'est elle qui, au final, rayonne à travers nous sous forme de beauté, de bien-être et de santé !

Stéphan m'a alors avoué que c'était ce qu'il recherchait depuis toujours dans son travail de naturopathe, que sa discipline corporelle était son outil personnel d'élévation spirituelle, mais qu'il sentait bien que son âme ne vivait pas encore à la hauteur de sa sensibilité corporelle. De mon côté, j'ai dû reconnaître que je n'étais pas allée au bout du renouvellement spirituel qui fonde La Voie de l'Amoureux[2] que j'élabore : une spiritualité incarnée dans mes relations mais aussi dans mon corps. Il y avait sûrement une conscience viscérale, voire organique, à rajouter à mon idée de beauté intérieure et de maturité juvénile pour mieux accompagner mes rides, la peau qui commence à plisser sous mes bras et autres aléas du temps qui passe. Ma sensibilité corporelle n'était pas encore, si je puis dire, à la hauteur de mon élévation spirituelle.

De fil en aiguille, de soins en conversations, nous avons décidé que c'est en prenant soin de notre bien-être corporel dans la conscience de la beauté de notre âme que se révèle ce que nous avons appelé notre Beauté-Conscience. Une beauté qui manifeste notre lumière intérieure.

Si on concoctait à nous deux un cocktail sans alcool mais plein d'eau de vie composée des « sains secrets » naturopathiques de Stéphan et de mes « saints secrets » spirituels ? Élaborer un rituel de pratiques quotidiennes et saisonnières comme une Voie de beauté et de bien-être enraciné dans la Lumière. Un parcours initiatique du bien-être. Le défi était alléchant !

Pour être cohérente avec cette idée, j'ai mis à mon programme quotidien les rituels naturopathiques de base de Stéphan. J'en connaissais certains, mais j'avais gardé un regard sceptique, voire rebelle, sur tous ces trucs « naturels » qui changeraient votre vie à la vitesse grand V. Surprise ! Le surplus de conscience que j'y ai ajouté m'a rendu légère, voire délicieuse, l'approche du vivant de Stéphan. Le sens initiatique qui s'est petit à petit révélé à moi dans chacune des pratiques que nous avons sélectionnées ensemble a élargi ma conscience corporelle. Mon corps devient chaque jour un peu plus mon ami, il accepte mieux les lois de la Nature, de l'incarnation. Je retrouve l'énergie vitale en même temps que la joie de vivre physique d'être sur Terre. Enfin !

Je laisse la parole à Stéphan, pour qu'il vous dise avec ses mots ce que le surcroît de sens initiatique et de conscience a apporté à ses pratiques corporelles.

Mes principes naturopathiques s'enracinent dans des traditions millénaires qui ont traversé l'épaisseur du temps. Ils reposent sur les quatre processus de base de notre organisme : élimination, assimilation, absorption et digestion. C'est simple et ça marche !

Je pratique au quotidien depuis 25 ans les rituels de bien-être que je vous propose mais il est vrai que depuis qu'Arouna a partagé avec moi le sens initiatique qu'elle y trouve, sur la base des lois de l'univers, ses éclairages ont ajouté plus de joie et de légèreté à mon côté un peu rigide, côté discipline. J'ai la sensation d'être en contact avec mon être véritable, de pouvoir déployer mon champ de lumière intérieure déployable à l'infini.

Un exemple : si je n'avais pas eu le regard de son amitié spirituelle je n'aurais pas si bien vécu l'apparition soudaine de mes cheveux blancs. De fait, quand c'est arrivé, j'ai vu fondre une croyance qui, à mon insu, m'emprisonnait fortement : vieillir, c'est devenir laid. J'avais toujours vécu négativement l'inéluctabilité du temps.

Libéré de mon attente de fausse jeunesse, ma discipline physique est devenue plus sage, c'est-à-dire moins compétitive. Enfin ! Mon âme se réconcilie chaque jour un peu plus avec le temps et les lois de l'univers. Sens et conscience m'ont permis d'ajouter à mon idée de beauté et de vitalité une vérité : c'est le mariage de l'amour de la Lumière et de l'amour de la Terre qui nous rend beaux et belles à tout âge.

Mes rituels, déjà corporellement efficaces, sont devenus les alliés de mon âme, sans recherche de performance du paraître. Enfin !

Au final, Stéphan et moi sommes aujourd'hui convaincus que le sens, donc un surplus de conscience, transforme tout soin et tout rituel de bien-être ou de beauté en parcours initiatique.

Travailler avec la Lumière spirituelle dans le champ de l'énergie et du bien-être est une véritable initiation à l'incarnation de la Beauté qui dort en chacun et chacune de nous. En vertu de la loi de l'univers : l'énergie suit la pensée, notre bonne mine est le test de réalité du soin que nous prenons en conscience de notre corps physique et de notre âme.

Découvrez combien la puissance de la pensée et le sens ajouté au travail sur les sens accroissent la force naturelle des rituels que nous vous proposons comme discipline quotidienne de bien-être et de santé. Combien la conscience, en éclaircissant nos zones d'ombre, fait rayonner au-dehors notre magnifique et souveraine Lumière intérieure. Comment cette lumière va progressivement éclairer notre enveloppe extérieure, notre peau, et laisser objectivement transparaître notre beauté intérieure dans nos miroirs.

Nous sommes, Stéphan et moi, convaincus que très bientôt, les neurosciences viendront confirmer que la Lumière est un accélérateur vibratoire de la cellule et, par voie de conséquence, un « anti-âge » spirituel puissant, à la mesure de la conscience que nous ajoutons à nos pratiques de bien-être et de beauté.

C'est cette mélodie à deux voix, naturelle et spirituelle, dans le respect des lois du vivant en même temps que des lois de l'univers que nous souhaitons vous offrir ici.

Arouna Lipschitz

LA MÉLODIE DU MATIN

La joie d'être en-vie

Qui nous réveille ?

Chaque matin, au sortir d'une nuit aussi profonde
que la mémoire, nous émergeons d'un point d'éternité.

Étonnés, heureux, anxieux, souvent indifférents
ou simplement trop pressés pour nous arrêter
sur ce mystère quotidien :

Réveil non garanti

On est là pourtant !

Qui nous réveille ?

Qui nous déporte de l'ailleurs de nos nuits ?

Pour quoi ?

Retour au temps.

Exister.

Se séparer pour naître au jour qui vient, aux autres.

Arouna[3]

RITUEL 1
Respirer la vie

Tout est au commencement et ce « TOUT » commence par notre première inspiration : cordon ombilical coupé, je prends une bouffée d'air et c'est parti… pour la vie !

Toute ma vie est devant moi jusqu'à mon dernier souffle, ma dernière expiration.

Moment sacré de la naissance où s'imprime dans notre corps l'accueil plus ou moins réjoui de notre arrivée sur Terre. Tous les matins de notre existence, la scène se rejoue : content d'être né ? Content de commencer une nouvelle journée ?

Chaque matin, nous savons que nous ne dormons plus lorsque nous prenons conscience de notre souffle. Doucement la conscience s'élargit, on commence à sentir son corps et les premières pensées du jour. On y va ? Pas envie ? Avec joie ou puisqu'il le faut ?

EN-VIE : Prendre le temps chaque matin d'accueillir ce miracle, je suis en vie. Accompagner pour cela en conscience le subtil mouvement respiratoire qui nous signale que nous sommes réveillés, donc en vie ! Après tout, personne ne peut nous garantir que nous allons nous réveiller après nos nuits hors-conscience. Quand on dort, on ne sait pas qu'on dort ! Et quand on se réveille, on baigne, souvent à notre insu, dans ce que j'appelle la Nostalgie de l'ailleurs, cet espace à la limite du temps et du hors-temps marqué par le conflit de la naissance : j'y vais ou j'y vais pas ? À notre naissance, nous n'avons pas vraiment eu le choix : nous avons dû y aller… Mais soyons honnêtes, outre la nostalgie d'un paradis perdu, beaucoup d'entre nous en a gardé, ce que les thérapeutes appellent le traumatisme de la naissance.

« Il faut un jour avoir dit oui à sa naissance »

Gaston Miron (poète québécois)

Chaque matin, plus ou moins consciemment, nous sommes confrontés à ce « traumatisme » : le regret d'être sur Terre. Sans compter la peur de tout et de rien, du futur, de l'inconnu, des défis, des contradictions, des limitations et du manque impossible à combler.

Ainsi chaque matin, nous est aussi donnée l'opportunité d'affirmer un jour notre oui définitif à notre naissance, après avoir suivi en conscience et en toute liberté la transmutation des souffrances de notre enfant blessé en joie de vivre, littéralement la joie d'être vivant. Et enfin, de guérir de la nostalgie de l'ailleurs, la tristesse ontologique du paradis perdu, de notre origine spirituelle.

Chaque matin est une nouvelle vie qui commence. Entrer en contact avec le pouvoir du commencement propre au réveil, répondre « présent » à la journée qui vient, permet d'apprivoiser ce OUI radical que nous avons à dire un jour à notre naissance.

Chaque jour, ce OUI, prenant le dessus sur nos « oui, mais » libère l'énergie du DÉSIR qui anime les élans, les envies, enthousiasmes, ardeurs et autres mouvements du cœur qui signent, jusqu'au bout de notre voyage terrestre, la véritable jeunesse, celle de la joie de vivre. Une joie de vivre qui se gagne en se réconciliant avec sa naissance et qui commence chaque matin avec la gratitude d'être en vie sur Terre. Tous les rituels qui suivent, et tous ceux qui sont déjà les vôtres, sont et seront décuplés par cette joie.

Au commencement de tout travail sur soi, sur tous les plans, du plan le plus physique aux plans les plus spirituels, est la joie d'être en-vie. Une joie à conquérir chaque matin un peu plus.

EN PRATIQUE

Les yeux encore fermés, ignorant les petites douleurs du corps ankylosé, repoussant la nostalgie de l'ailleurs autant que les pensées branchées aux poids de mon agenda, écartant les émotions ou les informations venues de la nuit, je connecte ma pensée, mon ressenti, ma conscience, au subtil flux et reflux du souffle. Je reste quelques secondes avec la pensée que je reçois un cadeau : une journée de plus pour grandir, partager, aimer, et apprendre encore et en-corps !

« On commence à vieillir quand on finit d'apprendre. »
Proverbe japonais

Je dis MERCI à la force de vie qui m'offre cette journée de plus avec un sourire en pensée qui va d'une oreille à l'autre derrière la tête.

À partir de ces quelques secondes intimes en résonance avec la Vie qui bat en vous, vous pouvez entamer votre mélodie du réveil, en notant tout d'abord vos rêves et les informations arrivées de la nuit car elles sont souvent porteuses du programme du jour pour votre âme. Un programme à ajuster aussi harmonieusement que possible avec celui de votre agenda et de votre cœur.

Que dit votre cœur ? Écoutez-le avant de vous lever.

Faites glisser de bons oreillers derrière vous pour être bien calé ou carrément assis. Et écoutez...

N.B. Vous pouvez aussi avoir une chaise préparée à cet effet près de votre lit.

VOTRE MANTRA

J'ai l'envie d'avoir en-vie

RITUEL 2
Au rythme du cœur

Pour mieux entendre notre cœur, nous nous appuyons sur les principes de la cohérence cardiaque, une méthode américaine mise en lumière par l'institut Heartmath et introduite en France par les docteurs David Servan-Schreiber[4] et David O'Hare[5] dans les années 1990.

EN PRATIQUE

La cohérence cardiaque

La cohérence cardiaque se pratique sur un rythme respiratoire de 5 temps :

* Inspirer lentement par le ventre en comptant jusqu'à 5.
* Maintenir l'inspiration sans tension sur 1 ou 2 temps.
* Expirer lentement en comptant jusqu'à 5.

Vous pouvez bien sûr commencer en douceur avec 2 inspirations et 2 expirations, puis trois et jusqu'à 5 lorsque ce rythme devient confortable.

Il suffit d'un mois, pour noter des résultats spectaculaires au niveau du bien-être général grâce à l'augmentation des ondes alpha. (Des ondes qui se manifestent lorsque nous sommes détendus grâce à une oscillation électroencéphalographique de l'activité cérébrale d'une fréquence propice à la détente.)

Les bienfaits sur notre état général

Comme la cohérence cardiaque établit une passerelle entre l'énergie mentale et l'énergie physique nécessaires à notre journée, elle évite une trop grande dépense du système nerveux et de l'organe cœur. En libérant le passage énergétique entre le cœur et le cerveau, elle permet un meilleur alignement de notre être dans nos activités quotidiennes. En ce sens, elle est un antidote certain au mal-être, à la mélancolie ou à l'angoisse existentielle et donc au burn-out.

Effets spécifiques

Une meilleure gestion du stress par baisse du cortisol, l'hormone du stress ;

Une meilleure mémoire ;

Un ralentissement du vieillissement des cellules par l'augmentation de la DHEA, l'hormone de jouvence ;

Une augmentation des défenses immunitaires ;

Une augmentation de l'ocytocyne, l'hormone de l'amour.

LE PLUS
pour l'âme d'Arouna

L'intelligence du cœur

Le contact avec le cœur via la cohérence cardiaque, nous fait passer symboliquement de la joie d'être en vie à celle d'avoir envie, l'envie de vivre au mieux notre journée. De mettre son cœur à l'ouvrage, comme on dit.

Pour rappel : courage et cœur ont la même étymologie. Et soyons honnêtes, il en faut du courage pour aborder une journée, et certaines plus que d'autres.

Pour avoir du courage, il faut donc littéralement mettre son cœur à l'ouvrage. « Ce cœur qui aime, ce cœur qui pense, ce cœur qui vit, ce cœur qui mémorise, ce cœur qui prend des décisions », pour reprendre la phrase culte de la cardio-méditation élaborée par Patrick Drouot[6].

Lorsque nous commençons notre mélodie du réveil par ce contact conscient et actif avec notre cœur, nous augmentons courage, en même temps que sérénité, et notre volonté se renforce. Car seule l'intelligence du cœur sait nous faire passer en douceur le message qu'il faut une forte volonté pour activer nos bonnes intentions, et que l'effort de discipline, que la vie nous demande pour atteindre nos objectifs, en vaut la peine.

Avec le temps, outre tous les bienfaits connus et répertoriés plus haut, donner chaque matin à mes journées ce « la » du cœur m'évite de culpabiliser quand je n'ai pas le temps d'une longue méditation le matin. En quelques minutes de respiration en cohérence cardiaque, mon cœur et mon corps se mettent au diapason avec la respiration qui rythme tout l'univers et cette résonance avec le cosmos fait chanter mon âme et me prépare un réservoir d'énergies positives dans lequel puiser plus tard. Un vrai gain de temps pour spiritualistes pressés.

Si en cours de journée j'ai besoin de relancer ma détermination consciente de garder mon cœur, et pas seulement ma tête, à l'ouvrage, je prends contact un instant avec mon cœur en répétant deux, trois fois : « Je respire à travers mon cœur... l'indulgence, la patience, la détente... » Remplissez les cases en fonction de vos besoins du moment et vous verrez combien les moments relationnels un peu stressants de la journée passent plus vite et plus en douceur.

LE TÉMOIGNAGE DE STEPHAN

La conscience de faire participer mon cœur à mon évolution, et pas seulement à mon bien-être a ajouté de nouvelles dimensions à ma conscience respiratoire. J'ai vu s'affiner mes sens spirituels au point de ressentir une sorte de guidance invisible dans ma poitrine, comme si des petits papillons joyeux me pointaient les bonnes directions à suivre dans ma journée. J'arrive ainsi à être plus en contact avec la part chaleureuse de mon être. Cela m'évite de me laisser emporter trop facilement dans le rythme de la matière en oubliant celui de mon cœur.

VOTRE MANTRA

Je mets mon cœur
à l'ouvrage pour
la journée qui vient

RITUEL 3

Une bouche saine

Le réveil de la bouche

Le bain de bouche « Gandouch » à l'huile de sésame : un remède simple et efficace pour la santé naturelle ? Je suis longtemps resté perplexe sur ce soin pourtant recommandé depuis plus de deux siècles. J'ai finalement cédé à mon besoin de tout vérifier. Les premiers matins j'ai juste eu une étrange sensation pâteuse dans la bouche. Je n'ai rien ressenti de spécial. Juste l'envie d'arrêter ! Ma rigidité de l'époque m'en a empêché. Je me suis accroché à ma conviction qu'il faut du temps pour valider une expérience. Après trois semaines, ce fut l'éveil. Le réveil de ma bouche ! Une révélation... Oui, un sentiment de grande propreté dans ma bouche, des dents plus lisses, plus blanches et même un sentiment de propreté dans tout mon corps. Je me suis surpris à parler plus librement. Probablement, parce que je sentais mon haleine du matin incroyablement fraîche !

C'était donc vrai ce que les textes racontaient sur cette recette ancestrale ayurvédique, appelée Gandouch en Inde, et « Oil pulling » aux États-Unis, où ce bain de bouche s'est répandu comme une traînée de poudre grâce à de nombreuses actrices enthousiasmées par le fait que cette pratique épanouisse aussi le visage. Un bénéfice secondaire dû à la régulation douce des problèmes digestifs et de l'équilibre immunitaire enclenché. Mais à l'origine, le bain de bouche à l'huile de sésame avait pour but d'assainir la sphère buccale avec des effets bénéfiques pour tous les problèmes bucco-dentaires et gingivites, pour l'haleine et les dents jaunes. Par voie réflexe, il agit aussi sur l'ensemble de l'organisme.

Comme le dit un des textes piliers de la médecine ayurvédique, le Charaka Samhita, « des résidus toxiques s'accumulent dans le corps, et en particulier dans la bouche et sur la langue, durant la nuit, et doivent être éliminés pour rester en bonne santé ». J'ai donc continué sereinement cette méthode et j'ai pu vérifier ses effets bénéfiques sur mon bien-être général. Ma candidose a disparu et mon estomac a retrouvé un calme perdu depuis longtemps. Le plus surprenant a été la réaction interrogative de mon dentiste que je n'avais pas vu depuis deux ans et qui n'a pas trouvé nécessaire de me faire un détartrage ! Il en était un peu frustré et moi, très content.

C'est vrai, le bain de bouche à l'huile de sésame, une fois dépassées les premières sensations d'étrangeté, ne vous veut que du bien.

Les bienfaits sur notre état général

- Moins de problèmes d'estomac et d'intestins ;
- Moins de maux de tête ;
- Plus d'énergie ;
- Moins de rhumes et d'infections grippales.

C'est probablement une des méthodes les plus simples comme base de bien-être général. 89 % des personnes interrogées pratiquant Gandouch témoignent d'effets durables sur l'amélioration générale de leur santé.

EN PRATIQUE

* Prenez une cuillère à soupe d'huile de sésame bio non grillée dans la bouche (vous pouvez alterner avec de l'huile de coco si vous le souhaitez).

* Au début, faites circuler l'huile dans la bouche avec la sensation de la mâcher pendant 5 minutes. Vous pouvez aller jusqu'à 15-20 minutes.

* Faites circuler vigoureusement l'huile dans les interstices des dents.

  N.B. : Évitez d'avaler l'huile car elle est chargée de vos toxines.

* Puis rincez-vous généreusement la bouche avec de l'eau.

* Raclez la langue avec un gratte langue et, pour finir, brossez-vous les dents comme d'habitude.

Suggestion pour gens pressés : Faites-le en prenant votre douche ou en vous brossant le corps (Voir rituel suivant).

LE PLUS
pour l'âme d'Arouna

Parler vrai

Un simple bain de bouche comme base de bien-être. Logique pour moi ! Spirituellement logique en tout cas, car n'est-il pas dit « Au commencement était le Verbe ». Et la parole n'est-elle pas le vecteur premier du Verbe ? La prérogative du règne humain sur tous les autres règnes ? Le sens spirituel de cette pratique ayurvédique est, de fait, clairement énoncé depuis des millénaires : « Les bains de bouche à l'huile renforcent les os de la mâchoire, la voix, embellissent les lèvres, donnent davantage de goût aux aliments, et **purifient la parole.** »

Quand j'ai découvert cette pratique, il y a longtemps déjà, j'ai eu bien sûr, comme Stéphan, la sensation pas vraiment agréable d'huile un peu pâteuse que je risquai d'avaler à tout moment. Je l'ai utilisée par intermittence pour me donner bonne conscience.

Lorsque nous avons décidé avec Stéphan d'inclure le bain de bouche Gandouch dans notre « bible » de bien-être, j'ai très vite remarqué que ce rituel changeait complètement de niveau quand je l'ai associé à une réflexion sur le bon ou le mauvais usage de la parole. La conscience de purifier ma parole en même temps que ma bouche, a clairement accéléré mon travail d'évolution dans le domaine de la communication. Pendant que je mâchouille mon huile, un afflux d'informations m'interpelle en tant que sujet de ma parole. **Qui parle en moi ?**

Lorsque c'est un moi troublé ou en colère, je profite de ce temps pour nettoyer en conscience les toxines émotionnelles accumulées pendant la nuit pour cause d'éventuelles rancœurs ou rancunes qui me seraient restées sur l'estomac, augmentant l'acidité de mon haleine et le pâteux sur ma langue. Lorsque je suis prise dans le tourbillon d'un malentendu avec quelqu'un, c'est la rumination mentale qui me barbouille l'estomac. Je mâchouille alors mon huile en priant de trouver comment parler plus vrai afin d'éviter tout malentendu. La prière a au moins le mérite d'alléger le poids sur mon estomac, et donc sur ma langue. L'inspiration suivra plus facilement !

On comprend que les acupuncteurs regardent l'état de notre langue avant de prendre les pouls. Elle raconte tant de choses si on veut bien prendre le temps de la regarder avant et après le bain de bouche et son grattage.

Si la langue raconte aux acupuncteurs l'état de nos organes, à moi elle signale ce qui est à rectifier dans le champ de la parole et de la communication avec moi-même, les autres et le monde.

Le plus-conscience revient donc à se servir de ce rituel pour se libérer de ce que j'appelle nos habitudes bien humaines de « mauvaise langue », la soi-disant critique bienveillante, voire la calomnie pure et simple, ou juste les mots durs ou blessants qui nous échappent trop souvent. Autant d'énergies négatives qui ne peuvent que donner mauvaise haleine : Ah ! La haine qui est derrière nos tendances à être une mauvaise langue et la puissance de purification de l'énergie négative qui passe par la bouche.

Ce surplus de conscience m'a fait entrer en contact avec mon évidente tendance à la colère rentrée qui me reste sur l'estomac. Mes bains de bouche en conscience me permettent aujourd'hui d'observer les réactions primaires violentes, et le verbe acide, que je retiens trop souvent. Du coup, en les conscientisant, elles perdent de leur pouvoir néfaste sur mon estomac. Et ça fait du bien à mes relations.

Lorsque malgré tout, certains matins, je ressens de l'acidité dans ma bouche, au moins l'invitation est immédiate :

débusque ta colère rentrée. Dans les trop mauvais jours, je choisis de ruminer cette acidité en conscience avec l'intention de la transmuter organiquement, ce que j'exprime symboliquement quand je crache la mixture d'huile dans l'évier : j'imagine que je crache mon venin. Et ça va mieux !

VOTRE MANTRA

Ma parole purifiée m'ouvre à la paix relationnelle

RITUEL 4

Réveiller la peau avec le brossage à sec

Lorsque j'ai rencontré le Dr Jentchsura, j'étais très excité d'avoir rendez-vous avec ce ponte autrichien de la basification, une pratique qui vise à éliminer les déchets et les acides du corps par la reminéralisation : l'apport des oligo-éléments et des acides aminés nécessaires à un bon équilibre acido-basique, c'est-à-dire un pH du sang neutre, aux alentours de 7.

J'attendais ce moment depuis trois ans. Notre première conversation a duré... cinq heures !

J'écoutais bien sûr ce qu'il disait, mais je ne pouvais détacher mes yeux de sa peau et du rayonnement qu'elle diffusait. Un rapide calcul me fit prendre conscience qu'il devait avoir plus de 70 ans. Il fallait que je sache !

« Quel est votre secret, Docteur, pour avoir une peau aussi claire et pleine d'énergie ?

— Cher Stéphan, me répondit-il, le brossage à sec le matin depuis des années, voilà mon secret !

— Le brossage à sec ? Peut-il vraiment changer ma peau à ce point-là ? »

Généreux, le Dr Jentchsura me donna sa propre recette-beauté-santé.

« C'est très simple, tous les matins, avant ma toilette, je me brosse ***doucement*** *le visage et tout mon corps pour éliminer les acides et les déchets qui se collent à la peau pendant la nuit.*

— Des déchets nocturnes qui se collent à la peau ?

— Oui, me répondit-il. Dans la nuit, tu élimines les déchets métaboliques et les toxines de la journée à travers la peau. On en élimine un kilo dans l'année ! Ce brossage permet d'enlever les cellules cutanées chargées de ces toxines quotidiennes. Cela renforce la circulation du sang et de la lymphe. Toute la dynamique celluliteuse s'améliore et la peau devient vite beaucoup plus tonique. »

Dès le lendemain matin, je me brossai !

Le ressenti me plut. L'agréable sensation de poussières de peau qui s'en vont m'a donné beaucoup de joie : une sensation de propre qui fait du bien !

Après un mois de cette routine, j'ai définitivement adopté le brossage à sec dans mon rituel matinal. Vingt ans plus tard, j'observe que la peau de mon corps reste tonique ! Et avec Arouna on est bien d'accord, on ne dit pas « jeune », on dit TONIQUE : une peau vibrante… jusqu'à cent vingt ans.

Les bienfaits sur notre état général

- Une meilleure circulation ;
- Une tonicité accrue de la peau ;
- Plus d'énergie pour démarrer la journée.

Le plus avec le temps

En brossant votre corps de cette manière, vous verrez au fil des années, l'éclat de santé et de tonicité juvénile que votre peau va garder.

EN PRATIQUE

Brossez tout le corps en douceur sur peau sèche (avant votre douche), du haut vers le bas à partir du cou. Ce mouvement entraîne naturellement les toxines de la nuit vers la terre. Comme il y a des terminaisons nerveuses dans le corps, vous pouvez ressentir des picotements qui confirment que votre système nerveux est bien stimulé. Vous pouvez aussi activer la peau de votre visage, avec une petite brosse douce.

Attention : ce brossage du matin n'est pas un gommage ! Il ne s'agit pas de brusquer votre peau : le mouvement de brossage est là pour la soulager, avec amour, de ce qui l'encombre. Il sert à activer la circulation en éliminant la « poussière » de la peau et pas la peau elle-même.

Quel type de brosse ? La peau déteste être contrainte par la force. Sous la force, elle s'irrite, et s'épaissit car elle se défend de l'agression. D'où l'importance d'utiliser une brosse à poils doux. Notre préférée est une brosse à poils en cuivre. Le cuivre est naturellement chargé d'ions négatifs (les bons), qui débarrassent les ions positifs, qui sont en fait les mauvais, les déchets. Pendant le brossage, au contact des fils de cuivre, les ions positifs sont évacués sans abraser la peau. Cette brosse est un peu plus chère à l'achat mais vous la garderez des années. (Cherchez parmi les brosses pour le corps pour brossage à sec.)

Le plus pour gens pressés : au quotidien, une minute de brossage de haut en bas suffit.

* Si vous visez un grand coup de nettoyage lymphatique et une bonne vidange de la cellulite, optez plutôt pour la méthode classique de brossage qui consiste à vous brosser dans le sens de la lymphe durant cinq à dix minutes, maximum. Faites des

mouvements circulaires fermes mais légers sur tout le corps, dirigés vers les ganglions lymphatiques (Voir schéma).

Les effets sont visibles dès la quatrième semaine.

* Si vous ressentez le besoin d'un gommage, pensez au savon noir lorsque vous êtes au hammam ou dans votre bain chaud une fois de temps en temps (pas plus de 2 fois par mois) mais pour sûr, oubliez les gants de crin.

SENS DE BROSSAGE
DE LA PEAU À SEC

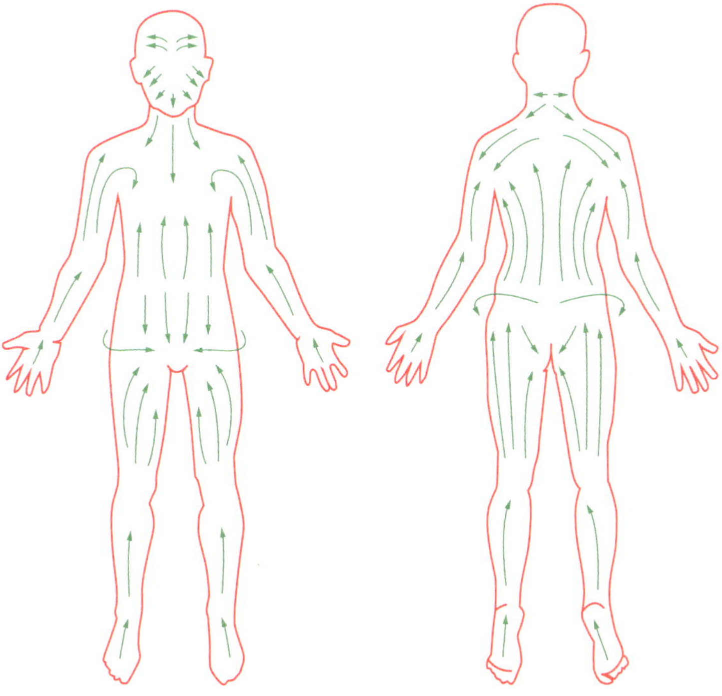

LE PLUS
pour l'âme d'Arouna

L'amour de moi

J'ai découvert le plus-conscience pour ce rituel en comprenant l'importance de se brosser DOUCEMENT, comme il est recommandé dans cette pratique.

En y réfléchissant, j'ai vu combien cette injonction de douceur allait me permettre d'utiliser ce rituel comme antidote à l'idée qu'il faut souffrir pour être belle !

Derrière cette formule, j'ai vu se profiler l'énergie du « Tu enfanteras dans la douleur » biblique et du « Si vous ne mourez pas, vous ne vivrez pas » chrétien. La traduction doloriste faite de ces injonctions par des esprits misogynes et/ou chagrins colle encore souvent à la peau de beaucoup d'adeptes du développement personnel ou spirituel qui assimilent le travail d'évolution, de renouvellement de soi, à un dur labeur, voire un chemin de croix. C'est d'ailleurs la même compréhension doloriste qui donne raison à ceux qui choisissent de marcher au ralenti, voire pas du tout sur la voie de la conscience : la vie est assez dure comme ça, pas la peine d'en rajouter en coupant les cheveux en quatre et en cherchant du sens partout.

Plus de douceur avec moi, voilà le sens qui a transformé ce rituel de brossage à sec en rituel d'amour du moi, à ne pas confondre avec l'amour de Soi qui est à mon sens une bien mauvaise formulation. Car ce qu'on appelle communément le manque d'amour de soi est en fait un manque d'amour du moi. Un moi que beaucoup de spiritualistes pourraient mépriser ou traiter à la dure parce qu'ils le trouvent justement si petit à côté du Soi, ce meilleur de nous-mêmes que j'appelle notre souveraineté d'être.

Pour moi, la quête spirituelle du Soi qui fait l'économie de l'amour du moi, via la compétence à prendre soin de son corps et de son apparence, est encore une expression de refus d'incarnation. La douceur à laquelle m'invite ce rituel m'a permis non seulement de me brosser avec délectation, mais de mettre ma conscience, chair et os, sur l'importance de se brosser de temps en temps dans le sens du poil. Apprécier l'acquis au lieu de toujours se concentrer sur la prochaine montagne à franchir. Arrêter de croire que travailler sur moi veut dire me taper dessus. Dans cet esprit, l'huile de sésame que je passe ensuite sur mon corps dépoussiéré avec la conscience d'huiler mes rouages physiques pour la journée agit comme un « Sésame ouvre-toi ». Mon corps, reconnaissant de ce temps que je lui accorde en douceur, m'offre des mots qui donnent du sens à mes petits maux articulaires, nuque bloquée ou genoux qui grincent. En vertu de la loi qu'un ennemi débusqué perd de son pouvoir, ces petits maux deviennent de grandes opportunités de prises de conscience qui me font avancer plus vite.

Ainsi, lorsque nous nous brossons en ajoutant cette symbolique de s'occuper de son « moi » dans le sens du poil, le brossage à sec ôte, en plus des poussières de toxines, toutes les poussières de manque d'estime ou de valeur de moi.

L'huile de sésame appliquée avec cette intention de plus d'amour du moi ouvre chaque jour un peu plus profondément la caverne d'Ali Baba dans laquelle sommeillent nos richesses intérieures.

LE TÉMOIGNAGE DE STÉPHAN

Avec ce plus arounien, je suis aujourd'hui beaucoup plus conscient et joyeux de sentir à chaque fois que je me brosse que tout mon moi se renouvelle et que je ne traîne plus longtemps sur ma peau les voiles gris, ou quelquefois carrément noirs, engendrés par les réactions épidermiques, voire égotiques, qui obscurcissent ma lumière intérieure.

J'ai récupéré une humilité certaine en me rendant compte qu'il ne tenait qu'à moi de faire le ménage tous les jours en me brossant pour être de bon poil, éliminant non seulement mes toxines mais mon bouclier protecteur face aux autres et à la vie.

Mon brossage à sec est aujourd'hui comme un contrat chaque matin renouvelé avec mon corps pour faire de la place à la beauté de mon âme. C'est mon premier pas du respect que je me dois car la peau n'est pas seulement un revêtement de surface mais aussi mon communiquant premier entre mon monde intérieur et le monde extérieur. Un vécu aujourd'hui conscient au quotidien grâce à ma brosse.

VOTRE MANTRA

Je dépoussière avec amour mon moi essentiel

RITUEL 5

Huiler ses rouages

Après le brossage, mais avant la douche, se masser avec de l'huile de sésame bio non grillée, de l'huile d'olive ozonée ou de l'huile de coco permet une meilleure pénétration de leurs éléments réparateurs et nutritifs qui vont non seulement profondément revitaliser votre épiderme mais également détendre votre système nerveux.

Le plus : vous avez moins besoin, voire quasiment plus du tout d'hydratant pour le corps après votre douche.

EN PRATIQUE

* Mettez de l'huile de sésame, de l'huile ozonée ou de coco dans votre main et massez tout votre corps en insistant bien sur les pieds, les coudes et les mains.
* Choisissez l'huile de sésame lorsque vous visez une meilleure élasticité de votre peau. L'huile d'olive ozonée en cas de problème d'eczéma, zona ou psoriasis ou de manière générale pour retarder le vieillissement de la peau. L'huile de coco en cas de peau atopique ou sénescente.

LA MÉLODIE DU REPAS

L'appétit de vivre

Notre idée n'est pas d'intervenir ici sur l'alimentation, ni sur les régimes ou les nombreux compléments alimentaires. Nous avons néanmoins choisi de sélectionner parmi nos sains/saints secrets quelques super aliments qui renforcent l'énergie de nos cellules.

Un superaliment est un aliment performant dont les composants sont en résonance idéale avec nos cellules, ce qui lui donne le pouvoir d'influencer positivement notre bien-être physique et psychique. C'est le cas de la Klamath crue, de la chlorophylle et de la spiruline aux effets régénérateurs et boosters d'énergie. Nous pensons aussi au brocoli, riche en sérotonine, au cresson, un antioxydant riche en vitamine B1, B2, B6, au fenouil, riche en vitamine C, autant de superaliments auxquels s'ajoutent les indispensables fruits et légumes dans tous leurs états, et les non moins indispensables graines germées. Autant de bonnes alternatives à certains compléments alimentaires.

Pour l'âme, gardons en conscience que la nourriture est une lettre d'amour de la Nature aux humains. Ne mérite-t-elle pas toute notre gratitude pour les forces vives qu'elle nous offre abondamment tous les jours ? Pour le moins, réglons notre dette de vie en accordant à notre Terre-Mère un peu de notre présence consciente lorsque nous mangeons. Cela commence en mastiquant longuement nos aliments.

La mastication lente et soutenue favorise le processus enzymatique, ce qui évite aux aliments de rester longtemps sur l'estomac. Avec pour bénéfice immédiat, une digestion légère qui nous donne le sentiment d'être bien nourri et non gavé, ce qui évite à plus long terme de trop manger et de grossir inutilement. Rien qu'en mastiquant en conscience, nous développons naturellement la compétence viscérale de ne manger que lorsque nous avons faim : un vieux conseil simple, universel et toujours essentiel.

Pour alimenter nos méditations et nos discussions sur la nourriture, Stéphan et moi trouvons notre bonheur dans les livres *Yoga de la Nutrition et Harmonie et Santé* d'Aïvanhov[7,8]. Nous sommes également convaincus que nos intestins sont le lieu de cristallisation de nos mémoires ! Lorsque nous leur apportons amour et lumière via la nourriture que nous ingurgitons, ce deuxième cerveau accélère notre travail de libération du passé en épurant nos peurs au ventre et autres émotions viscérales. Au final, nous sommes tous les deux d'accord sur l'essentiel : se nourrir avec appétit, cette belle énergie qui renvoie à l'appétit de vivre, au goût et à la joie de l'incarnation sur cette belle planète Terre !

« Il n'y a point naturellement pour l'homme de médecin plus sûr que son propre appétit. »

Jean-Jacques Rousseau

RITUEL 6

Eaux florales : eaux de Vie

L'eau a non seulement une mémoire originelle cosmique mais elle garde aussi la mémoire de la terre et celle du corps, notre terre personnelle. Cela revient à dire que l'eau qui a été en contact avec certaines substances conserve une empreinte de leurs propriétés. De fait, elle a un double mouvement dynamique : non seulement l'eau nous imprègne des informations qu'elle porte dans sa mémoire mais elle se charge aussi de nos pensées et sentiments du moment énergétiquement et vibratoirement parlant.

Nous devons au médecin immunologue Jacques Benveniste[9] et au Docteur Masaru Emoto[10] d'avoir lancé en leur temps, l'intérêt grandissant aujourd'hui sur l'eau, en particulier sur l'eau consciemment informée[11].

Nous avons pour notre part choisi d'inscrire les hydrolats dans notre protocole de quotidien de bien-être.

Les hydrolats, aussi appelés eaux florales, sont une eau naturellement informée par les principes actifs des parties subtiles d'une fleur ou d'une plante aromatique, au cours d'un processus de distillation par la vapeur. Ils sont utilisés depuis plus de trois mille ans pour leurs vertus apaisantes, cicatrisantes et régénératrices. Benoît Gandy a d'ailleurs insisté sur l'âme des plantes qu'on retrouve aussi dans les hydrolats[12].

(À noter : l'hydrolat n'est pas juste une eau à laquelle on a rajouté quelques gouttes d'huile essentielle : bien regarder les étiquettes.)

Outre les eaux de bonne qualité que vous buvez, nous vous proposons d'intégrer l'hydrolat à votre quotidien pour ne pas rater ce merveilleux cadeau de la Nature : pouvoir consommer des vertus d'apaisement, de dynamisation, d'élimination juste en buvant joyeusement un coup... d'eau de vie !

EN PRATIQUE

Dans l'alimentation quotidienne, en assaisonnement les hydrolats de rose, géranium, romarin, fleur d'oranger etc. vont non seulement enchanter le goût de vos plats mais les transformer en vecteurs de bien-être général.

En boisson chaude ou froide, les hydrolats de thym, romarin ou fleur d'oranger peuvent remplacer thés et tisanes.

En soin beauté et santé de la peau, les hydrolats de camomille, rose, carotte, hélichryse sont des rééquilibrants cutanés.

Attention : les hydrolats doivent impérativement être conservés à l'abri de la lumière et de la chaleur.

Les cinq hydrolats à avoir chez soi et à alterner en fonction des besoins[13]

La rose
pour calmer le système nerveux et hormonal.

Son parfum subtilement aphrodisiaque porte l'information d'équilibre qui canalise l'énergie, permettant d'éviter la dispersion, tout en aidant à positiver les expériences exigeantes de la vie. La rose accompagne merveilleusement le travail intérieur d'ouverture du cœur et de douceur.

Le géranium
pour augmenter l'énergie vitale du corps.

Son parfum d'amour terrestre et céleste est porteur de l'information « satisfaction des sens, harmonie sexuelle et joie de donner ». Information d'amour qui calme les agitations dues à l'insatisfaction, la dispersion, le sentiment d'inefficacité et autres frustrations qui s'engendrent de la comparaison avec les autres et du fantasme d'être inégalable.

La fleur d'oranger

pour nous réharmoniser par la joie.

Son parfum angélique porte l'information de détente profonde et d'harmonie. Une information de soutien pour ceux qui se sentent en creux de lumière par manque de valeur de soi. Elle neutralise la déception de ne pas être reconnu et remet de la pétillance printanière dans le corps.

À partir de 17 heures il favorise un bon sommeil car il apaise les émotions et/ou l'agitation mentale.

L'hélichryse

pour soigner nos bleus du corps comme de l'âme.

Son parfum d'immortalité soulage les chocs sur tous les plans. Cet hydrolat est le bienvenu en cas de séparation, de deuil ou autres tristesses de la vie. Pour les spiritualistes trop détachés, cet hydrolat aide à vivre leurs états de conscience de manière réaliste et à redonner plus d'importance à leur apparence extérieure.

La carotte

pour faire la paix avec Mère-Nature et mieux goûter sa beauté féconde.

Son parfum végétal sucré est porteur de l'information d'ancrage de la joie par la foi qui aide à passer de l'obscurité à la lumière. Une information de douceur pour calmer la colère (l'énergie-foie), tempérer la violence face à la tromperie et les abus de confiance dans le champ relationnel, que ce soit en instant T ou en échos mémoriels.

LE PLUS

pour l'âme d'Arouna

L'Amour : notre histoire d'eau

L'eau a toujours été symboliquement liée à l'amour. Ne savons-nous pas que tout baigne, lorsque coule l'amour. Oui, mais... l'amour humain étant lié à l'amour parental, qui n'a pas nagé dans des eaux troubles ?

Des chercheurs en physique quantique soutiennent aujourd'hui que nos émotions agréables et désagréables dépendent de la bonne circulation de l'immense champ de conscience formé par notre espace liquidien intérieur[14] : l'eau intra et extracellulaire, le sang, la lymphe, le liquide céphalorachidien : 70 % de notre organisme ! De fait, 99 % des molécules de nos cellules sont des molécules d'eau qui ont été organiquement imprégnées de nos mémoires pré et postnatales. L'embryon que nous étions s'est constitué par les mouvements de l'eau matricielle qui a façonné nos organes et nos membranes, impactant radicalement toutes nos mémoires d'enfant et leurs états d'âme associés. On peut comprendre que, par voie de conséquence, de nombreux états douloureux, inflammatoires ou psychologiquement signifiants s'enracinent dans notre mémoire d'enfant blessé. Trop de feu négatif trouble et perturbe notre énergie d'amour. L'élément eau permet « d'éteindre » ce feu lorsqu'il est utilisé en conscience.

Informée, l'eau devient un puissant vecteur de transformation organique mais aussi psychique et spirituelle.

C'est pourquoi Stéphan n'a eu aucun mal à me convaincre d'intégrer les hydrolats à notre « bible ». Il y a là, de mon point de vue, un outil puissant pour travailler sur les blessures de la conception et de la naissance qui perdurent si longtemps dans notre énergie d'enfant blessé. Surtout si nous y ajoutons notre information personnelle ! J'ai pratiqué, constaté et adopté ! J'ai informé mes hydrolats ou toute eau que je buvais avec la ferme intention de dissoudre mes contentieux, ou mes comptes en cieux générationnels et même transgénérationnels encore inscrits dans la mémoire de mes eaux intérieures : tensions, peurs, colères liées à la gestation, au traumatisme de la naissance et autres mémoires préverbales, et surtout les terreurs de ma mère d'être enceinte, sans compter celles de mon père, caché pendant toute la guerre en Russie. La méditation védique traditionnelle apprise dans les années 70 avec mon maître indien, le Swami Venkatesananda, m'avait déjà montré comment dissoudre peurs, doutes, colères mais aussi certitudes, systèmes de croyance obsolètes, fidélités au passé et autres obstacles à la circulation de l'amour. Il me répétait bien souvent en riant : « Une dissolution vaut mieux que dix solutions. » J'ai toujours poursuivi ce travail de dissolution, mais l'eau informée en a radicalement et très concrètement accéléré le processus. Si la dissolution est vraiment l'outil magique de la résilience, l'eau est son plus puissant vecteur d'information ! Nos déchets toxiques mémoriels se « liquident » encore plus vite si nous mettons de surcroît l'eau que nous buvons en lien conscient avec notre espace liquide intérieur. Aujourd'hui, je remercie tous les jours l'eau informée que je bois, également celle de mon bain ou de ma douche, pour accompagner si légèrement ma libération mémorielle. Je leur dois une meilleure circulation de l'amour en moi et en dehors.

De fait, en buvant les informations de ce que l'on souhaite transmuter en nous, on laisse littéralement pénétrer dans notre organisme notre « je serai » du futur. Un futur glorieux libéré des mémoires du passé. Un sacré boulot ! Mais un boulot sacré si on choisit de se libérer de notre histoire d'eau trouble pour laisser couler l'amour dans nos vies.

Le + pour spiritualistes pressés

Je profite du moment où je bois un coup d'eau pour connecter mes 70 % d'eau intérieure au grand océan cosmique. Je sens alors le négatif qui y barbote se fondre dans cet océan de pur amour. Je me détends, mon espace s'élargit et je me rappelle que je baigne dans l'Amour de l'origine, comme chaque être humain sur la planète, et que mon futur est d'être une source d'amour pour moi et pour les autres. Je suis d'autant motivée que l'amour nous rajeunit ! Tous les amoureux le constatent, non ?

Le + beauté : L'eau, un hydratant naturel

Le lien entre l'hydratation et l'éclat de la peau n'est plus à prouver, ni celui entre notre fluidité intérieure et la souplesse de la peau. S'« assécher » émotionnellement ou intellectuellement accélère notre vieillissement, le manque de fluidité intérieure se manifestant par des crispations physiques en tout genre. Boire de l'eau avec ce supplément de conscience sur sa puissance hydratante en fait une véritable source de jouvence !

Mettre ma conscience sur la résonance entre l'hydrolat et mes fluides internes m'a toujours aidé à mieux maintenir mon équilibre entre mes organes et mon esprit. Mais la pensée que j'ajoute aujourd'hui pour informer l'eau que je bois de mon désir de dissoudre mes mémoires prénatales et d'enfant blessé, permet à plus d'amour de circuler en moi. Je suis passé sur une autoroute à grande vitesse qui me permet d'accélérer mon processus de libération du syndrome d'abandon qui m'a tenu si longtemps en conflit avec ma mère et le monde ! Gros travail, pour ne pas dire sérieux combats pour réussir à répondre par la main tendue plutôt que par le poing, à raisonner à partir d'un crédit de confiance plutôt que de méfiance, à regarder le monde avec des lunettes de gratitude pour le verre à moitié plein plutôt qu'avec revendications et plaintes pour le verre à moitié vide. Et j'y arrive de mieux en mieux en pratiquant la dissolution et en buvant quelques coups... d'eau-de-vie par jour !!!

VOTRE MANTRA

Je suis une source d'amour pour moi et pour les autres

RITUEL 7

Se mettre au vert

Il y a une vingtaine d'années, une de mes amies me propose de rencontrer le Dr Brian Clément. Brian Clément… Waouh ! C'est l'homme qui a repris avec brio le centre Hippocrates en Floride, ce fameux temple de l'alimentation vivante fondé par Ann Wigmore, LA naturopathe qui a posé les piliers fondamentaux de la santé naturelle vivante à partir de graines germées, de jus de légumes et plus précisément du fameux jus d'herbe.

Deux semaines plus tôt, on venait de me diagnostiquer un cancer sérieux.

L'idée de rencontrer cet expert de régénération cellulaire était une chance incroyable de m'instruire sur cette discipline. Mais n'était-ce pas avant tout une formidable opportunité pour rétablir ma santé défaillante ?

Dans sa conférence, j'ai entendu qu'en cas de cancer, il fallait boire du jus d'herbe plusieurs fois par jour, notamment le matin à jeun. Humm, à ce stade, j'avoue que ce breuvage verdâtre ne me semblait pas très sexy.

Lors du dîner privé qui a suivi avec lui, j'ai compris que lui-même, scientifique chevronné, s'était entouré de biologistes pour valider scientifiquement les préceptes d'Ann Wigmore.

C'est clair, me souffla toute la soirée mon scientifique intérieur, tu vas ruminer de l'herbe et te mettre au vert pour toute ta vie !!! Le mieux évidemment c'est de faire pousser son herbe dans sa cuisine et de l'extraire avec un extracteur à jus.

À l'époque, c'était trop me demander ! J'ai donc acheté de la poudre d'herbe fabriquée à froid. Je prépare ma première potion verte. Le look est vraiment étrange. Je me bouche le nez et j'avale cul sec. Finalement le goût n'est pas si mauvais ! Je poursuis vaillamment. Deux semaines plus tard je suis bluffé. Mes cellules crépitent : beaucoup plus d'énergie, le ventre plat, le blanc de l'œil vif, moins de cernes, la peau plus belle et enfin je ne ressens plus ces terribles coups de fatigue soudains dans la journée, mon cerveau fonctionne à nouveau en mode turbo.

C'est là que s'enracine la conviction qui fonde aujourd'hui ma pratique naturopathique : la nourriture vivante nourrit et régénère nos cellules. La nourriture vivante est de la LUMIÈRE.

À ce jour, de nombreuses études confirment le pouvoir reverdissant, c'est-à-dire lumineusement régénérant du jus d'herbe. Avec le recul, je vois combien cette année au vert a bien été le commencement de ma route du moi « vert » Soi, comme dit Arouna. C'était comme si je vivais depuis toujours dans un château où je ne voyais le monde qu'à travers une seule fenêtre. Là je voyais un paysage plus grand que moi, éclairé par des lumières sur ce que je devais faire pour donner du sens à ce qui m'arrivait : une guidance sur le chemin de la vérité de moi. Aujourd'hui, je comprends mieux cette sensation car le jus d'herbe ayant les mêmes caractéristiques que le sang humain, il l'oxygène, et engendre une élévation vibratoire organique.

EN PRATIQUE

Le jus d'herbe

Tous les matins, à jeun, mettez deux cuillères à café de poudre d'herbe dans un grand verre d'eau à température ambiante. Remuez bien et buvez...d'une traite au début.

Attendez 15 minutes avant de boire ou manger.

Apports

* 92 oligo-éléments et acides aminés essentiels bio disponibles.
* Chlorophylle exceptionnelle pour régénérer les cellules hépatiques du foie et de l'intestin.
* Riche en vitamines A et C et en vitamine K.
* Nombreux éléments permettant d'assimiler les vitamines B.
* La dose de calcium quotidienne.
* Phosphore, magnésium, sodium et potassium en quantité équilibrée et hautement assimilable.
* Fer bio disponible pour améliorer la circulation sanguine.

Les bienfaits pour votre état général

* Purifie le sang ;
* Filtre les ultraviolets ;
* Améliore la qualité de la peau ;

* Diminue les cernes ;

* Stimule la glande pinéale ;

* Fait mincir ;

* Vous pouvez renforcer les effets de ce cocktail vert avec l'algue klamath, de la spiruline ou de la chlorella.

L'algue Klamath

Une année après, je pars pour un séjour de 21 jours de détox vitalité à l'Institut Ann Wigmore de Porto Rico pour poursuivre ma guérison.

Là, je découvre la fameuse algue bleue verte vivante, appelée Klamath, du nom du lac de l'Oregon dans lequel on la trouve. Un aliment hautement régénérateur et un probiotique spectaculaire qui stimule les défenses immunitaires et donne des résultats remarquables dans les différents processus de régénération du corps humain.

J'ai pu m'en rendre compte moi-même car très vite j'ai senti mes cellules danser de joie. Traduction : je retrouvais mon énergie vitale et un bien meilleur moral.

En rentrant, j'apprends qu'une de mes amies, convaincue par les études scientifiques menées sur cette algue, allait importer la Klamath en France.

Je me plonge dans ces études.

La Klamath contient

* Un taux élevé d'antioxydants ;

* Un taux important de chlorophylle ;

* Les vitamines A, C et E ;

* Du zinc, du sélénium, du calcium et du magnésium dans une proportion exceptionnelle.

Et cerise sur le gâteau pour la beauté

De la phycocyanine qui stimule les cellules souches et qui font de la Klamath un alicament anti-âge certain comme l'a prouvé l'étude du Pr Drapeau[15].

Deux gélules de chlorella, Klamath ou spiruline peuvent être prises pendant chaque repas au milieu de vos brocolis, cresson, épinards, artichaut, courgette ou autre verdure ou encore du tartare d'algues.

LE PLUS

pour l'âme d'Arouna

Que la Lumière soit !

Dès que nous sommes en contact respiratoire ou alimentaire avec du vert, nous activons grandement notre rayonnement en ajoutant par la pensée, la conscience que nous mangeons de la lumière. Les pores de notre peau, comme les branches de l'arbre, sont des ramifications justement poreuses pour pouvoir capter la lumière du soleil qui se transforme en rayonnement, chaleur, clarté et lucidité. Même les jours où le soleil se cache derrière des nuages, nous absorbons sa lumière.

Sur la route du moi vers Soi, le meilleur de nous-mêmes, notre souveraineté d'être, la lumière est notre plus puissant bâton de pèlerin. Mais ce que beaucoup de chercheurs spirituels du Soi ne savent pas, c'est combien cette route est verte ! Dans le corps, c'est essentiellement par le vert, la verdure, que nous synthétisons la lumière. Par analogie aux arbres, ces grands maîtres de la photosynthèse, nous sommes un Arbre de Vie capable de devenir lumière.

Le vert dans la nature provient de l'oxygène synthétisé par la chlorophylle, qui le transforme en lumière. Nous, c'est en mangeant du vert, que nous pouvons manger de la lumière, pour reprendre la formule traditionnelle de Zoroastre. Ce faisant, nous nourrissons notre glande pinéale, l'organe de notre intuition spirituelle.

Vous imaginez bien qu'avec cette conscience ajoutée, je n'ai plus jamais avalé mon jus d'herbe avec une grimace, ni pris mes gélules de Klamath ou de chlorophylle bêtement. Mon Soi, la part divine en moi, pétille de joie depuis que j'ingurgite du vert avec la pensée que ce faisant, la lumière grandit en moi.

Cela ouvre à une véritable écologie de l'âme en incarnation sur Terre. Car plus la cellule est gorgée de lumière, plus la conscience peut s'élever, et cela commence par notre contact avec le soleil bien sûr, mais aussi par la respiration et la nourriture : autant de vecteurs « essence-ciels » du bien-être de notre âme que de notre corps. Cette double dynamique ciel-terre est clairement activée par la couleur verte puisque le vert est la couleur complémentaire du rouge, couleur du sang.

Traduction symbolique : le vert est lié à Vénus, la grâce de la beauté de l'âme, qui attire Mars, la force, la puissance physique, l'énergie vitale dans le corps.

Ainsi, côté nourriture, avec le jus d'herbe, Klamath et chlorophylle, vos légumes verts et des algues sous toute forme, qu'il pleuve ou qu'il grêle, plus d'excuse pour ne pas se mettre au vert tous les jours ! Sans oublier les arbres ! Qui mieux qu'un arbre pour nous rappeler que plus nous nous élevons, plus nos racines s'enfoncent dans le sol. Ce qui veut dire que plus notre désir d'élévation est grand, plus il importe d'être bien ancrés ! Ceci est la clé d'une spiritualité bien incarnée sur Terre. Sans compter, qu'un arbre EST de la lumière condensée de par le processus de photosynthèse. La photosynthèse est une réaction biochimique énergétique qui crée de l'énergie lumineuse à parti de l'énergie provenant du soleil. Si nous avons un arbre à portée de la main, nous avons vraiment de quoi soutenir notre rayonnement personnel grâce à de « la photosynthèse spirituelle ».

EN PRATIQUE

S'adosser à un arbre.

Mettre la paume de la main gauche entre notre dos et l'arbre.

Mettre la paume de la main droite sur notre plexus solaire.

Respirer en conscience la lumière que l'arbre photosynthèse en direct du soleil. Nous respirons et absorbons sa lumière par la main gauche et elle pénètre notre plexus solaire via la main droite.

Mettre cette conscience de lumière dans mon « vert quotidien » a considérablement augmenté le champ de vision de mes possibles personnels et, surprise, également le champ de mes possibles relationnels. Très timide au départ, c'est comme si mettre ma pensée sur la lumière de mon Soi, de ma souveraineté d'être a accéléré la dissolution de ma peur de l'autre. Par cet ajout de conscience, mes pôles négatifs intérieurs se tournent aujourd'hui plus facilement vers la lumière, et je suis content de devenir, grâce à mes cocktails verts quotidiens, reconnecté à une joie de vivre et d'être en relation plus naturellement authentique. En un mot moi, vraiment !

VOTRE MANTRA

Je marche joyeusement sur la route du moi vers Soi

RITUEL 8

Fruits et légumes

Pourquoi avons-nous sélectionné le rituel fruits et légumes dans notre protocole quotidien ? Parce que fruits et légumes sont une de nos ressources vitales essentielles pour notre corps autant que pour notre âme !

Un indice nous est offert dans la belle chanson du film *Peau d'âne* de Jacques Demy « Une robe couleur de lune ». La couleur Lune correspond énergétiquement et symboliquement au monde du légume et la couleur Soleil au monde du fruit. Ceci, bien sûr, dans le contexte d'une nutrition basée sur l'énergie cellulaire et non sur les calories dans laquelle, comme le disait déjà au XIIe siècle Hildegarde de Bingen (1098-1179) que nous considérons Arouna et moi, comme la première naturopathe : « Vos aliments doivent être vos forces curatives. »

Dans cette même perspective, qui fait écho à l'anthroposophie métaphysique de Rudolph Steiner (1861-1925), le père de la biodynamie contemporaine, on s'alimente pour nourrir ses cellules et non pour alourdir son estomac. La valeur nutritionnelle étant énergétique, nucléaire et non calorique : la valeur du fruit et du légume passe directement de l'estomac à la conscience, dit-il en substance.

De fait, tous les éléments de votre carotte, votre brocoli ou votre banane, cassés par la salivation et les enzymes, deviennent une véritable pile énergétique reconnaissable par vos cellules. Ce qui n'est pas le cas avec les aliments transformés qui, eux, ne sont pas reconnaissables par nos cellules.

Notons que le cœur de nos cellules est nourri par les fruits, le côté soleil qui apporte légèreté, joie, générosité à notre énergie. La périphérie de la cellule, sa partie dense, étant, elle, nourrie par les légumes qui apportent ancrage et force de réalisation.

C'est pourquoi, sans entrer dans une dimension diététique de l'alimentation, nous avons tenu, avec Arouna, à donner une véritable place de rituel aux fruits et légumes. Ils sont le carburant indispensable chaque jour pour le bien-être de notre corps, comme de notre âme. Après, c'est à chacun d'introduire fruits et légumes dans son régime personnalisé accompagné de son médecin, naturopathe et autres accompagnants de vie pour le bon équilibre entre le cuit et le cru, le carné et le non carné.

EN PRATIQUE

Sachant que les fruits balaient les acides du corps et que les légumes balaient les déchets de l'intestin, l'idéal est de consommer un minimum de trois à cinq fruits de saison par jour et un litre de jus de légumes, en plus de son alimentation quotidienne personnelle.

Comme il faut une dizaine de carottes pour faire un litre de jus de légumes, à vous d'évaluer combien de verres de jus de légumes feront votre bonne ration quotidienne.

Vous pouvez dispatcher selon vos goûts et le rythme de votre quotidien personnel vos légumes et fruits du jour en purée, smoothie de fruits ou jus de légumes et de temps en temps croquer un fruit, comme on croque la vie à pleines dents.

Faire plaisir à ses papilles fait partie de notre aventure du bien-être !

Mais rappelez-vous que les fruits en purée et les légumes en jus évitent d'utiliser votre capital enzymatique, donc votre capital jeunesse. Vous évitez ainsi une digestion pénible et vous économisez votre énergie en rechargeant vos batteries.

N.B. Vous pouvez remplacer un de vos repas par un repas de fruits ou de légumes, surtout quand vous êtes pressés.

Important : mangez l'un et/ou l'autre à satiété. Ne vous inquiétez pas : il est erroné de penser que les fruits font grossir. Comme le dit Irène Grosjean : « Faites confiance à vos cellules, elles vous diront quand elles sont rassasiées[16]. » Vous noterez d'ailleurs très vite vous-mêmes les bénéfices de votre ration quotidienne de fruits, car votre corps va arrêter d'exprimer ses manques en tout genre par des fringales de sucre ou de nourriture doudou, ce que les Américains appellent très justement du « comfort food ».

Cas spéciaux : je recommande smoothies ou purées de fruit au dîner pour les gens sujets aux insomnies pour cause de rumination mentale ou d'excès alimentaires en tout genre. Ordonnance également valable en cas de moral en berne.

Le matin, les sportifs puiseront dans les fruits force et enthousiasme, en plus d'un boost formidable d'énergie vitale qui leur met en réserve une grande capacité de récupération.

La purée de fruits basique

Soit au petit-déjeuner, au goûter ou pour remplacer de temps en temps le dîner.

Pour une personne

1. Mettre dans un blender : Un seul type de fruit mais en quantité pour environ 500 ml de purée + Un jus de citron + Un type de fruit sec : 2-3 dattes, pruneaux ou raisins secs

2. Mixer et manger.

Notre smoothie de fruits chaud

Pour un matin léger ou un goûter réconfortant.

Pour une personne

1. Mettre dans un blender : Une poignée de noix de cajou, de noisettes ou amandes + Deux ou trois dattes dénoyautées.

2. Mixer à sec.

3. Ajoutez de l'eau chaude tout en continuant à mixer.

Notre smoothie de légumes chaud

Pour les palais salés le matin, pour le midi ou le dîner.

Pour une personne

1. Mettre dans un blender : Une poignée de champignons au choix + Un avocat + Quelques graines de coriandre + Une cuillère à café de poudre de légumes + Sel poivre + Un peu d'eau bouillante.

2. Mixer le tout.

Pensez à ajouter des graines germées en toute occasion, à boire votre hydrolat ou eau informée tout au long de la journée quand vous avez soif, tout en vous offrant de temps en temps une bonne tartine, beurre frais et café, un croissant croustillant ou ce qui mérite pour vous la petite transgression qui fait du bon, car quels que soient nos régimes alimentaires la frustration, elle, est toujours un poison.

LE PLUS
pour l'âme d'Arouna

« De deux choses lune
L'autre c'est le soleil »

Jacques Prévert, *Paroles*

Quelle joie quand Stéphan m'a rappelé l'analogie organique des fruits et légumes avec la lune et le soleil. Honnêtement, je n'ai plus mangé de la même manière mes fruits et légumes depuis que je mets ma conscience dans la pensée que je nourris mon énergie féminine, lunaire, porteuse de vie bien concrète quand je mange des légumes, et mon énergie masculine, solaire, émissive de façon joyeuse, chaleureuse et rayonnante quand je mange des fruits.

En chemin, j'ai compris pourquoi je n'avais jamais été très attirée par les légumes, ni par les fruits, d'ailleurs !

Ma part lunaire – la tête de préférence dans les étoiles et les pieds pas vraiment sur Terre – résistait aux légumes, comme ma forme de résistance spirituelle à trop de densité terrestre. Oui, mais, me disait Stéphan, ton identité biologique de fond est « légume » ! Il avait raison ! J'étais au départ une philosophe-spiritualiste « sérieuse », en constante surveillance intellectuelle et plutôt déconnectée de la Mère-Nature. De ceux qui causent plus qu'ils ne réalisent, avec une absence certaine au monde à la réalité. Combien de fois suis-je arrivée à l'école avec, à la main, la poubelle que ma mère m'avait demandé de descendre ! Tout a changé lorsque j'ai découvert et mis, à mon programme la spiritualité solaire d'Aïvanhov. Et plus concrètement en-corps, depuis que j'ai fait de la place aux fruits dans mon alimentation : je deviens enfin une optimiste ou presque..., regardant en tous les cas plus souvent mon verre de légumes à moitié plein plutôt qu'à moitié vide.

Quand en écho, Stéphan, a souligné qu'il a observé dans sa pratique que la plupart des gens qui ont du mal avec les fruits ont souvent une loyauté à une souffrance familiale ou transgénérationnelle, il ne m'a pas fallu longtemps pour vérifier combien c'était vrai pour moi. Mettre ma conscience sur la réparation karmique de ma famille marquée par les pogroms et l'holocauste en invitant la joie solaire dans ma lignée, a donné à mes fruits un pouvoir inattendu sur mon travail d'évolution. Je m'autorisai à avoir de la joie, à « kiffer la vie », comme dirait ma sœur.

Et ceux qui ont une identité biologique « fruit », ai-je demandé à Stéphan ? Les « matérialistes » plutôt primaires au ressenti instinctif, les hyperactifs boulimiques dans les affaires, ou les pragmatiques à tendance « ça passe, ou ça casse » ? Ou encore les Petits Princes un peu égocentriques pulsionnellement parlant, – ce qui pourrait les rendre un tant soit peu fainéants –, toujours prêts à faire la fête mais qu'on invite volontiers comme boute-en-train. Et aussi les aventuriers de type Tintin ? Ceux-là, s'ils souhaitent avoir plus de discernement, être un peu plus fourmi que cigale, doivent mettre plus de « légume » dans leurs actions, c'est-à-dire bien lire les petites lignes dans les contrats, anticiper leur retraite, ne pas se laisser aveugler par le glamour et les jeux de cour, comme celle de Louis XIV, appelé combien justement le Roi-Soleil. D'ailleurs, n'a-t-il pas trouvé son équilibre en épousant une super « légume », sérieuse, intelligente, ambitieuse et spirituelle, voire un peu dévote ?

Ces compréhensions m'ont amenée à boire allègrement mes apéros de jus de légumes quasiment avant chaque repas, consciente qu'ils soutiennent mon désir de spiritualité incarnée. Pour que ma quête de sens reste légère et joyeuse et non un « labeur spirituel », je rajoute très régulièrement ma purée de fruits.

Je mets ma conscience dans la pensée que les légumes véhiculent l'énergie-terre à travers leurs sels minéraux et qu'ils me permettent d'être une spiritualiste qui réalise ses rêves dans la matière. Pour les fruits, je mets ma conscience dans le fait qu'ils me permettent de traduire mes joies méditatives en dansante joie de vivre, tout en donnant aux autres avec le sourire du soleil, de la chaleur et du rayonnement.

LE TÉMOIGNAGE DE STEPHAN

Depuis mon dialogue avec le délicieux « légume » arounien, je ressens plus de force en même temps que du réconfort dans mes actions quotidiennes. Je fais plus volontiers les choses qui m'embêtent, comme la comptabilité, les négociations, la partie dure du business en gros ! Ce ne sont plus des corvées qui me pourrissent la vie car je me nourris, en même temps que mes jus de légumes – que j'ai d'ailleurs augmentés –, de l'acceptation du bien-fondé des structures, sans redevenir le psychorigide que j'étais parce que je le faisais alors, comme toute autre discipline d'ailleurs, de manière contrainte et forcée.

MANTRA « FRUIT »

Que la joie solaire demeure en moi toute la journée

MANTRA « LÉGUME »

Le Sel de la Terre me révèle le goût des choses

EN RÉSUMÉ

La densité est l'expression terrestre de la lune.

La légèreté est l'expression terrestre du soleil.

Les « légumes » ont donc intérêt à privilégier les fruits qui vont rendre leur densité plus légère, et à choisir des partenaires solaires qui les font rire et voir la vie un peu plus en rose.

Les « fruits » ont, eux, intérêt à privilégier les légumes qui vont rendre leur légèreté plus dense, et à choisir des partenaires lunaires qui les font réfléchir et être plus objectifs sur la réalité.

Pour les tempéraments « légume » ou les jours trop « légumes » : faites une action par jour qui vous donne du plaisir. Commencez par vous demander : qu'est-ce qui me ferait plaisir aujourd'hui ? Voir une copine, faire un massage, manger un gâteau transgressif ou un bon verre de vin, etc.

Pour les tempéraments « fruit » ou les jours trop « fruits » : faites une action par jour qui concrétise, voire finalise un travail en retard ou en cours, ne serait-ce que mettre à jour sa *to-do list*, régler des factures en retard, cirer ses chaussures ou recoudre un bouton branlant, etc. Le tout avec le sourire, même s'il est un peu forcé !

L'objectif étant d'arriver à une belle harmonie fruit/légume en nous, le fameux mariage intérieur entre notre féminin et notre masculin sacrés. Cultiver ses racines du ciel autant que celles de la terre, petits princes et princesses des étoiles bien ancrés dans la joie de vivre ici-bas.

Voilà pourquoi, au-delà de l'injonction sanitaire des ministères pas toujours en accord avec l'âme, nous avons choisi Stéphan et moi de faire une vraie place de rituel aux fruits, vecteur de joie solaire et aux légumes, tout en sachant que l'essentiel reste la présence consciente et bénissante à ce que nous mangeons, quoique nous mangions.

Ce n'est pas en mangeant beaucoup que vous serez en meilleure santé, dit très justement Aïvanhov, c'est la qualité des aliments qui est importante, et avant tout, la façon de manger. Même si vous réduisez vos repas, vous pouvez puiser davantage d'énergies si vous avez appris à absorber la nourriture avec amour et conscience.

« Si pendant les repas vous arrivez à dégager votre pensée, à fixer votre attention sur la nourriture pour la pénétrer des rayons de l'amour, une séparation se fait entre la matière et l'énergie : la matière se désagrège, tandis que l'énergie entre en vous et vous pouvez en disposer. Ce sont les mêmes processus que dans une centrale thermonucléaire. Si l'homme savait vraiment manger/.../ il retirerait de sa nourriture assez d'énergie pour remuer tout l'univers[17]. »

LA MELODIE DE LA MATINÉE

30 minutes maximum consacrées à votre bien-être pour toute la journée.

*

Vous respirez en cohérence cardiaque.

Vous prenez votre bain de bouche à l'huile de sésame.

Vous grattez votre langue.

Vous buvez votre shoot vert de jus d'herbe.

Pendant les 15 minutes d'attente post-jus d'herbe, vous faites votre brossage à sec.

Vous finissez avec votre onction d'amour à l'huile de sésame.

Vous buvez un grand verre de votre hydrosol du moment.

*

Bon repas de Lumière et d'Amour.

LA MÉLODIE DE L'APRÈS-MIDI

Arrêtez-vous à mi-chemin

Qui n'a jamais connu la tentation de s'arrêter à mi-chemin sur la route de son évolution ou tout simplement en cours de réalisation d'une œuvre, en quelque domaine que ce soit ?

Il n'est nul besoin d'explication pour comprendre que si on s'arrête à mi-chemin on ne connaîtra jamais la satisfaction d'un travail achevé. Sans compter que celui qui n'avance pas recule : « Quiconque a mis la main à la charrue et regarde en arrière est impropre au Royaume de Dieu » (Luc 9, 62). Sur notre chemin d'évolution personnelle, cela revient à ne jamais clôturer un dossier : accomplir un inaccompli d'incarnation, gagner une victoire sur un schéma répétitif, nous libérer d'un défaut de caractère que la vie nous invite à transformer, ou transformer au jour le jour une énergie négative en énergie positive.

Paradoxalement, nous vous invitons pourtant à vous arrêter à mi-chemin… OUI, MAIS sans regarder en arrière. Petit paradoxe qui se résout si l'on comprend que, d'un point de vue énergétique, savoir s'arrêter interrompt le cercle infernal de l'accumulation de tensions physiques et psychiques qui conduisent au burn-out. Les coups de pompe répétitifs en pleine journée, la nuque et les épaules en acier, s'effondrer le soir dans son lit plutôt que de se coucher réjoui d'une journée bien remplie sont les clignotants qui nous disent STOP. Il faut savoir s'arrêter avant que le feu ne passe au rouge.

Il y a quelques bonnes manières de s'arrêter à mi-chemin, la première répond à une loi organique qui revient à changer d'activité pour laisser se reposer les cellules saturées du cerveau. On sait tous que juste se lever, marcher dix minutes toutes les heures relance notre énergie. Tout le monde ne peut pas quitter son bureau pour aller faire un tour de pâté de maison et au passage étreindre un arbre, ou danser cinq minutes sur une musique solaire joyeusement dynamisante. Mais tout le monde peut passer sa radio intérieure sur une autre longueur d'onde.

Cette façon de s'arrêter en changeant de plan de conscience est une autre bonne façon de s'arrêter, facile à intégrer à son quotidien si on comprend que nous ne sommes pas que notre corps physique. De nombreuses traditions, hindoues ou ésotériques nous ont appris que notre corps physique est la résultante de nos six autres corps : le corps astral qui correspond à notre champ émotionnel, le corps mental lié à notre activité intellectuelle, le corps causal lié au travail de notre raison, notre mental supérieur, le corps bouddhique qui correspond à notre âme, et le corps atmique à notre esprit. À ces six corps, j'ai rajouté le corps amoureux lié aux sentiments et à l'ouverture du cœur[18].

Pour faire simple, si je suis dans une activité qui demande un gros effort physique ou un travail qui implique fortement mon énergie émotionnelle ou intellectuelle, je vais me détendre en me mettant en résonance avec mon esprit ou mon âme par quelques minutes de méditation ou de contemplation ! De fait, en changeant de plan de conscience je fais travailler un corps qui n'est pas fatigué. Je laisse des cellules saturées se reposer pendant que j'en mets d'autres en activité.

La méditation a pris ces derniers temps suffisamment de lettres de noblesse pour que je n'aie pas à insister sur les bénéfices de ressourcement en énergie qu'elle procure. Cette non-activité du mental est une manière efficace de faire le vide dans sa tête. À tout moment de l'après-midi, discrètement si on est en *open space*, on peut fermer les yeux ne serait-ce qu'une minute dans un STOP complet des trois corps, physique, émotionnel et intellectuel. Il peut être aidant d'ajouter un mantra, une affirmation positive à répéter intérieurement.

On peut aussi arrêter son regard sur une fleur ou n'importe quel objet en occultant tout ce qui n'est pas cet objet. Un point c'est tout ! Une concentration pointue ouvre l'espace alentour à l'infini, et nous met dans un état contemplatif très reposant.

On peut bien sûr faire un tour à la cafétéria et s'offrir le luxe d'une pause-goûter, c'est le moment de penser à un smoothie, une purée de fruits qui s'emportent facilement dans un récipient même si c'est incomparable quand c'est fait sur place, ou tout simplement manger un fruit « à la croque » qui va recharger vos batteries à l'énergie solaire.

Sans oublier les bienfaits d'une bonne sieste ou de quelques jours de congé pour le changement de rythme et de paysage quand c'est possible.

RITUEL 9

Des yeux heureux

Pour retrouver ma dynamique de concentration à mi-chemin de la journée et dépasser le fameux coup de pompe de la fin d'après-midi, rien ne vaut mon moment de détente oculaire. Mon rituel de base s'appuie sur la formidable méthode du Dr Bates mise au point dans les années 1920. Une méthode toujours d'actualité aujourd'hui[19].

EN PRATIQUE

* Frottez-vous les mains l'une contre l'autre jusqu'à ce qu'elles se réchauffent.
* Mettez vos deux mains en cuillère (en creux).
* Posez ses deux mains chaudes sur les yeux pendant une minute en croisant le bout des doigts sur le troisième œil sans appuyer.
* Gardez les yeux ouverts en clignotant de temps en temps. Vous pouvez rester un moment yeux fermés pour vous détendre, et remettez-vous au travail).

Les bienfaits sur notre état général

- Repos de la rétine et des nerfs optiques liés au système nerveux central d'où une détente du mental ;
- Réactivation de la circulation lymphatique autour des yeux ;
- Lubrification et nettoyage des yeux et ce qui protège la surface extérieure de l'œil.

Ce rituel simple agit comme un moteur pour remettre en circulation notre énergie vitale via le système lymphatique qui, bloqué par la tension de « vouloir voir » donne, chez les uns les cernes noirs et chez les autres les poches sous les yeux. Il faut savoir que la capacité de concentration humaine n'est environ que de 50 minutes. Quand on force au-delà on n'est pas aussi productif. Mieux vaut s'arrêter une minute pour rester efficace l'heure suivante.

Ce rituel d'une minute peut être fait autant de fois que nécessaire.

LE PLUS
pour l'âme d'Arouna

Vue sur l'infini

Notre âme nous dit merci à chaque fois que nous offrons à nos yeux un peu de détente. Ne dit-on pas que les yeux sont le miroir de l'âme ? Le seul fait d'entrer en contact conscient avec nos yeux est bon pour notre âme. Si en même temps, vous avez la possibilité d'écouter un morceau de musique qui vous détend, c'est encore mieux. Je dois dire que cette détente oculaire Bates, devenue traditionnelle, que j'ai remise à l'honneur dans mon quotidien, relance immédiatement ma capacité à me reconcentrer pleinement, avec l'avantage de me donner un espace de vide méditatoire : dès que je pose mes mains sur les yeux, j'en profite pour faire le numéro de téléphone de mon âme.

En pratique : par la pensée, je me connecte à mon âme et, instantanément, je sens mon regard intérieur s'élargir. L'âme étant liée à l'infini, il n'y a que mon intellect qui puisse poser des limites à l'espace dans lequel ma conscience se promène. Concentrée sur mes yeux, mon intellect se calme et je voyage dans l'infini du « vide » sans quitter ma table de travail ! C'est le processus même de la contemplation souvent confondue avec la méditation.

La contemplation est une activité de l'âme qui nourrit notre imaginaire. Tous les artistes connaissent ces espaces infinis où ils laissent vagabonder leur énergie pour en ramener des images, des sensations, des ressentis qu'ils n'ont « plus qu'à » traduire en textes, couleurs, sons, etc. « Mon David est fait, il ne me reste plus qu'à le sortir de mon bloc de marbre », disait en substance Michel-Ange.

Si, en conscience, je me branche à mon âme les yeux fermés, je pars très vite dans ce voyage de contemplation de l'infini, quelquefois je touche des étoiles, d'autres fois des couleurs ou des jardins de fleurs. Qu'importent les paysages traversés, j'en reviens chaque fois enrichie d'énergie créatrice et la joie au cœur devant tant de beauté. Plus facile de me remettre au travail, sans compter mon imaginaire détendu et disponible, plus à même du coup d'avoir de bonnes idées. Vous savez, ces idées dont on se dit : tiens, je n'y avais jamais pensé. Elles semblent venues de nulle part, jusqu'au jour où les yeux fermés, on ouvre la porte à ces grands espaces pleins de belles images que notre cerveau traduit en idées, textes et concepts. Là, on sait qu'elles viennent de notre âme ! Et on sait que notre rituel quotidien de détente oculaire y est pour beaucoup.

N. B. Si vous n'avez pas l'habitude de contempler, vous pouvez commencer à simplement penser DÉTENTE, en parlant avec douceur et diplomatie à vos cellules stressées et vous serez surpris de voir à quelle vitesse votre mental va s'apaiser. C'est le miracle de la connexion à son âme ! Elle nous aime, et comme une bonne mère sait ce qui nous fait du bon. Il faut juste l'appeler et elle accourt. Petit à petit, le réflexe conditionné « je ferme les yeux en connexion avec mon âme » va être identifié à la détente, et vous pourrez de plus en plus rapidement partir pour de belles balades au pays de l'imaginaire de lumière tout en défatigant vos yeux.

Bons et beaux voyages.

Cette connexion à mon âme ramène instantanément de la joie. À chaque fois qu'Arouna et moi nous nous arrêtions pendant notre travail sur ce livre, ce moment de détente oculaire me ramenait comme toujours à ma zone de confort, ce qui me permettait de retrouver présence et concentration. Je revenais alors à la réalité du moment au lieu de rester embrumé de fatigue.

Nous repartions, elle avec des centaines d'idées, et moi avec la joie retrouvée de les réaliser ensemble.

VOTRE MANTRA

Je regarde le monde avec des yeux arc-en-ciel

LA MÉLODIE DU COUCHER

Comme on fait son lit,
on se couche

Il y eut un soir et il y eut un matin. Cette phrase biblique répétée avant chaque « jour » de la Création souligne bien comment la « nuit » prépare le jour. Elle insuffle à notre subconscient des informations qui nous permettent de faire du neuf le lendemain. Dormir est un véritable cadeau de la Nature qui nous donne les ressources nécessaires pour créer en conscience des nouveaux commencements dans notre vie.

On retrouve cette idée de la nuit qui ouvre à un monde nouveau dans le rituel chrétien de l'extrême-onction. Par analogie, je suis convaincue que la manière de rendre notre dernier souffle impacte notre arrivée dans l'au-delà. Oui, mais ! Il ne faudrait pas croire que sans travail personnel tout au long de sa vie : prises de conscience, réparations et accomplissements de nos inaccomplis, on ira droit au paradis juste en se repentant à la dernière minute. Il n'en reste pas moins que, en s'endormant bien, on se prépare une meilleure journée. « *Que le soleil ne se couche pas sur votre colère*[20]. » Il n'y a qu'à observer que si on a eu un différend la veille ou une mauvaise nouvelle, il nous en reste un goût amer le matin. Se réconcilier avec son frère avant que le soleil se couche[21] est l'antidote christique le plus puissant, mais déjà s'endormir avec une belle musique, une prière, une méditation aide à se réveiller avec plus d'énergie positive à disposition. La sagesse populaire a bien saisi ce côté pragmatique de l'affaire : « Comme on fait son lit, on se couche. » Il est sage de défroisser les faux plis de ses draps avant de s'endormir si on désire une nuit inspirante – Inspiration : étymologiquement, l'esprit qui pénètre en nous – pour une journée créative le lendemain. Apprendre à bien se préparer au sommeil avec la demande claire de partir en voyage vers l'École de la Sagesse cosmique et ses anges, au sens propre de messagers, est donc un bon investissement pour de bonnes journées !

C'est quoi une bonne préparation ?

C'est ne pas emporter dans son sommeil soucis, troubles, agacements et éventuels chagrins que l'on va retrouver au réveil sous forme de rancœurs et rancunes, envies d'en découdre et autres ruminations négatives mentales ou sous forme d'angoisses et anxiétés irrationnelles.

Comment ?

Moi, avant de fermer la lumière, je révise ma journée, c'est le fameux examen de conscience qui permet en pensée de réparer les erreurs ou les manquements du jour. Je les note dans un petit carnet comme dossiers à suivre, ce qui les dégage de ma tête pour la nuit. Dans la mesure du possible, dans l'esprit du « réconcilie-toi avec ton frère avant que le soleil ne se couche » je fais le SMS qui déclare mon désir de paix pour que l'arbre ne cache pas la forêt de l'amitié et de l'amour. Certes, le dossier restera à suivre, mais « un ennemi débusqué perd de son pouvoir ».

En cas d'incapacité sérieuse à pardonner ou à faire taire mes diablotins intérieurs, là, je mets en place la procédure d'urgence : je demande. Demandez et vous recevrez. J'y crois profondément surtout si la demande est impérieuse telle une supplique. Après avoir mis mon cœur le plus ardent dans ma demande, je m'endors. « Qu'il en soit fait selon ta foi ! » Il y a des nuits où la présence d'un allié céleste m'a pour sûr gardée dans suffisamment de lumière pour qu'au réveil je me sente allégée et l'esprit clair, prête à aborder la situation.

D'autres fois, je suis réveillée par une nuit agitée. Là, je rallume toujours la lumière ! La lumière dissout les ténèbres... et éloigne les mauvais esprits qui ont profité de mon énergie négative. C'est aussi vrai sur le plan physique. Combien d'enfants le savent et ne peuvent s'endormir sans un peu de lumière. J'en profite pour lire de belles choses, écouter une douce musique, ou faire des respirations alternées (voir page 90). S'il le faut, je me lève pour me faire un verre d'eau chaude avec un peu d'hydrolat de fleur d'oranger, que je bois à petites gorgées avec la conscience de liquider mes mauvaises pensées ou énergies négatives, je mets quelques gouttes d'huile essentielle de lavande sur mon plexus solaire et je me recouche en souriant aux anges revenus.

RITUEL 10

Vivre sur un pied zen
(bains de pieds)

La plus grande concentration des terminaisons nerveuses se situant sous la plante des pieds, cela fait du pied un des sièges essentiels du système nerveux.

Le système nerveux est constitué du système parasympathique, qui gère la détente et du système sympathique, qui nous dynamise. Comme les deux participent à la stimulation de la circulation sanguine et de la digestion, le bain de pieds active le métabolisme en même temps qu'il vivifie globalement l'organisme et son énergie vitale.

Au bout de 3 minutes d'un bain de pieds, les organes commencent leur processus de détoxication et libèrent la surcharge intellectuelle, ce qui a pour effet majeur d'évacuer beaucoup de scories toxiques engendrées par la rumination mentale.

Un mental bouillonnant met le corps en surchauffe, ce qui équivaut à la mauvaise chaleur d'un feu destructeur. Une bonne trempette réchauffe tout le corps et l'allège. Le mental, libéré de ce surpoids inutile, permet à la bonne chaleur du feu de l'amour de circuler à nouveau en nous. Ne dit-on pas que les gens qui dégagent ce type d'énergie sont chaleureux ?

Une fois les tensions psychiques apaisées, le plexus solaire se dilate automatiquement car les pieds y sont directement liés, d'où la répercussion sur le corps entier, y compris nos organes spirituels. C'est pourquoi, depuis l'antiquité, le lavage des pieds est associé aux fonctions hygiénistes, qu'aujourd'hui la réflexologie passe par les pieds pour toucher et travailler sur n'importe quel organe, et qu'il reste conseillé comme outil d'apaisement spirituel, vu qu'il réchauffe l'âme autant que le sang.

EN PRATIQUE

Le soir, avant de se coucher

* Prendre une bassine suffisamment grande pour vos deux pieds.
* Mettre de l'eau chaude à 37 °C.
* Pour un effet relaxant ou pour apaiser l'anxiété ou l'angoisse ajoutez cinq gouttes d'huile essentielle de lavande fine ou de marjolaine coquille.
* Pour un effet détox ajoutez 2 cuil. à café d'argile surfine dans la bassine.
* Pour un effet purificateur, ajoutez une poignée de gros sel.

Faites toujours votre bain de pieds au calme hors de portée de la lumière bleue des ordinateurs, smartphones et télévisions.

Si vous avez le temps et l'envie, faites un massage d'une minute sur chaque pied en insistant sur les zones douloureuses. Inutile de plonger dans de grandes études de réflexologie, partout où ça fait mal c'est bon pour vous. Mais rien n'empêche une bonne séance de réflexologie si nécessaire de temps en temps. Vous pouvez aussi, pour obtenir l'effet massage, jeter un sac de billes dans votre bassine et faire rouler vos pieds dessus.

Pour un effet vivifiant du système veineux, trempez le matin vos pieds pendant 10 minutes dans de l'eau froide du robinet. Formidable en été pour les jambes lourdes suivi d'une vaporisation d'hydrolat de menthe sur les jambes pour vivifier l'organisme et le système veineux.

Les bienfaits sur notre état général

- Soulage les tensions musculaires ;
- Dilate le plexus solaire ;
- Améliore la digestion ;
- Stimule le système immunitaire ;
- Estompe la fatigue nerveuse en stimulant la sérotonine ;
- Favorise le sommeil.

LE PLUS
pour l'âme d'Arouna

À chaque jour suffit sa peine... et sa joie

Quand je mets mes pieds dans l'eau, j'amène ma pensée sur le désir de « liquider » ma journée pour faire de la place à du neuf. Oui, je liquide même les joies de ma journée ! Je garde la gratitude dans mon cœur mais je les laisse partir avec le reste tout simplement parce qu'on ne peut pas mettre « du vin nouveau dans de vieilles outres ». Et demain sera un nouveau jour !

L'outre, dans ce temps de bain de pieds, c'est notre corps physique. Il m'importe donc que toute ma tête soit dans mes pieds. C'est pourquoi, je résiste à la tentation de regarder la télé, de lire ou autres activités qui pourraient divertir ma conscience d'un réel lâcher-prise organique. Et ça marche ! Car, comme Stéphan l'a expliqué, les pieds sont directement liés au plexus solaire. En le dilatant, mon outre lâche beaucoup de vieux déchets qui lui collent au cuir. Et cela ne prend que dix minutes ! Je signe et persiste : la sensation agréable qui s'ensuit mérite ce moment de concentration totale sur ses pieds pour se purifier de la journée et re-magnétise le plexus solaire pour une bonne nuit.

Quand ma pensée m'entraîne à interroger spirituellement ce rituel, je pense au lavage de pieds des apôtres par Jésus pendant la Cène (Jean 13.1-17) ou à celui des pieds de Jésus par Marie-Madeleine. Acte d'amour ou d'humilité ? Les deux sûrement. Pour l'humilité, il est clair que le bain de pieds étant spirituellement lié à la purification des péchés, il y a humilité à reconnaître notre part d'ego négatif à purifier tous les jours !

Pour la part intime du lien d'amour à l'autre, « l'inconscient étant structuré comme un langage[22] », ne nous reste-t-il pas l'expression « prendre son pied » qui fait écho à « se laver les pieds », une formule qui, dans les Écritures, signifie l'acte sexuel. Du coup, je prends quelquefois le temps de me laver les pieds avec la conscience d'un acte d'amour pour mon âme. Le sens du sacré fera partie de la danse de mes sens dans toutes mes manières de prendre mon pied. Une bonne affaire que ce bain de pieds pour faire d'une pierre plusieurs coups : une purification humble pour liquider son négatif, une méditation sur le côté sacré de nos pieds, qui dans l'Arbre de Vie Kabbaliste sont liés à la région de Malkout, notre Royaume terrestre, et une préparation à bien prendre son pied ! Sans compter que les spiritualistes, trop fatigués le soir pour faire de longues méditations, ont pendant ce bain la possibilité d'en faire une intense en dix minutes : une méditation qui honore la matière et l'incarnation avec des pieds vaillants pour une bonne marche sur terre, la tête au ciel.

LE TÉMOIGNAGE DE STÉPHAN

En mettant cette conscience christique dans mon bain de pieds, la partie sacrée de ce rituel s'est ajoutée au bien-être qu'il me donnait avant. Cela m'a permis de compléter spirituellement le travail déjà fait psychologiquement sur mon enfant blessé. En contact avec la réalité énergétique de mon pied droit lié au père et du gauche lié à la mère, ce temps où ils sont plongés dans l'eau m'aide aujourd'hui à « quitter mon père et ma mère », c'est-à-dire à laver en conscience les scories toxiques de nos liens passés qui m'encombrent encore aujourd'hui, à calmer le feu de la colère qui m'empêche de les honorer en dépit de tout. N'est-ce pas finalement grâce à eux que je suis sur terre, que je peux marcher, voyager, avancer dans la vie ! En route, pour prendre mon pied avec le sens du sacré… un jour.

VOTRE MANTRA

J'avance d'un pied assuré sur la Terre

RITUEL 11

La respiration consciente

J'avais bien sûr beaucoup entendu parler des exercices de respiration, dits pranayama dans les traditions orientales, mais longtemps j'ai pensé que c'était du folklore pour yogis inconditionnels. C'est à la lecture d'un livre de O.M. Aïvanhov, La Nouvelle Terre[23], *que j'ai pris conscience de l'importance de la respiration alternée.*

Le fait de respirer en alternance par les deux narines active le cerveau droit et le cerveau gauche l'un après l'autre, établit une communication entre nos deux hémisphères, ce qui équilibre l'action de la journée et apporte la détente souhaitée le soir comme préparation à un bon sommeil. Sur le long terme, cette activation des deux cerveaux soutient et accélère le travail de développement personnel et spirituel en harmonisant hormonalement les deux principes, féminin et masculin existant en chacun de nous, homme ou femme.

Sur le plan organique, la respiration alternée déclenche une élimination de l'acidité de l'estomac et des toxines en général. Vu que 70 % des déchets sont éliminés par le souffle, s'ensuit naturellement une plus grande résistance nerveuse et autres bénéfices associés.

EN PRATIQUE

La respiration alternée

Boucher la narine gauche et aspirer l'air profondément par la narine droite sur 4 temps.

Retenir le souffle en bouchant les deux narines sur 16 temps (8 temps pour débuter si nécessaire).

Garder le doigt sur la narine droite.

Expirer par la narine gauche sur 8 temps.

Inspirer par la narine gauche sur 4 temps.

Retenir le souffle en bouchant les deux narines pendant 16 temps (8 temps pour débuter si nécessaire).

Garder le doigt sur la narine gauche.

Expirer par la narine droite sur 8 temps.

Répéter l'exercice complet six fois pour chaque narine.

Vous pouvez aussi débuter par une respiration simple.

Inspirer sur 9 temps et en expirant 9 temps en aplatissant le ventre avec le sentiment de remonter une fermeture éclair.

Au bout de quinze jours, intégrez en douceur la respiration alternée.

Les bienfaits sur votre état général

- Élimination des déchets gazeux du sang ;
- Oxygénation des globules rouges ;
- Augmentation de la vitalité ;
- Diminution du stress et de l'anxiété ;
- Meilleure gestion des émotions ;
- Renforcement du système immunitaire ;
- Activation de la glande pinéale.

Les + Beauté-Conscience

- Une meilleure qualité de peau ;
- Une ceinture abdominale raffermie ;
- Une augmentation de la DHEA, l'une des principales hormones « anti-âge » naturelles.

LE PLUS
pour l'âme d'Arouna

La danse du masculin-féminin

Rien de mieux que la respiration alternée pour respirer le meilleur de mon énergie masculine solaire par la narine droite, et le meilleur de mon énergie féminine lunaire par la narine gauche.

Quand j'inspire avec la narine droite, je choisis d'inspirer selon les jours les qualités positives de l'énergie masculine positive : le dynamisme, la force, la vigueur, l'endurance, la volonté, la résistance physique, etc.

Quand j'inspire avec la narine gauche, je choisis d'inspirer selon les jours les qualités positives de l'énergie féminine positive : empathie, douceur, harmonie, amabilité, gentillesse, serviabilité, bienveillance, indulgence, etc.

Quand j'expire avec la narine droite, j'expire du négatif masculin : la dureté, la domination, la violence, la psychorigidité, etc.

Quand j'expire avec la narine gauche j'expire du négatif féminin : la passivité, la paresse, la dépendance, le besoin de fusion, etc.

J'envoie tout ce négatif en conscience dans l'univers pour servir de compost là où la Mère Nature en a besoin.

Ce qui est formidable dans cette respiration, c'est qu'elle alterne également la réalité spirituelle des énergies féminines et masculines de par les croisements subtils entre la narine droite et le cerveau gauche – plus féminin – et la narine gauche et le cerveau droit – plus masculin. Sans entrer dans la science complexe des croisements et des connaissances actuelles sur le cerveau, depuis le temps que je pratique cette respiration alternée, je suis convaincue du jeu vibratoire profond qui s'y joue dans l'union de nos deux principes masculin et féminin.

C'est en tous les cas, la conscience que j'ajoute en respirant ainsi. Je visualise l'union entre mon homme et ma femme intérieurs et l'harmonie globale des contraires qui s'établit en moi. Je sais et je sens que ce travail de guérison sur le mariage intérieur de mon féminin/masculin répare énergétiquement tous mes « *Me too* ». Je me libère petit à petit des mauvaises habitudes prises au cours de la guerre des sexes tout au long de mon voyage d'âme.

Si vous ajoutez la conscience d'inspirer le souffle positif d'énergie masculine par votre narine droite et celui d'énergie féminine par votre narine gauche, la magie mystérieuse des croisements vibratoires entre le cerveau et le corps accélère et restaure, même à votre insu, l'énergie sacrée de paix conjugale… En route vers de beaux mariages, pour le moins des relations tellement plus harmonieuses entre l'homme et la femme. Motivant, non, de se dire qu'une nuit préparée ainsi sur le plan respiratoire fait de nous de meilleurs amoureux et amoureuses.

En travaillant ensemble sur nos choix de rituels, la respiration alternée nous a semblé essentielle. Reprise à la respiration alternée faite le soir, et la respiration en cohérence cardiaque ou autre respiration active pour le matin. Ayant pratiqué, l'expérience me montre qu'effectivement la respiration alternée faite le soir me permet d'inspirer la détente et d'expirer mes contrariétés de la journée.

Mais, depuis que je mets aussi ma pensée sur mon désir de devenir un meilleur amoureux, je constate que mon plexus solaire se détend instantanément et que ma cage thoracique s'ouvre, libérant petit à petit mon cœur, prisonnier de la croyance qu'il n'y a personne pour me comprendre et m'aimer sur cette Terre. Plus je sens mes cellules féminines et masculines vibrer à partir de mon désir d'être un bon amoureux, plus la peur de ne rencontrer personne se dissout. Dans les jours de grâce, j'arrive même à inspirer de l'espérance inconditionnelle. À me savoir aimé !

Cela ne m'empêche pas, ni Arouna d'ailleurs, de faire de la respiration alternée le matin ou de la cohérence cardiaque le soir.

Là, connaissant la réalité, à savoir que l'air est composé de vapeurs d'eau chargées d'oligo-éléments et minéraux, j'inspire tous les éléments dont j'ai besoin. J'essaie ! Ce qui est sûr, c'est que la respiration alternée est devenue aujourd'hui pour moi un espace formidable pour activer la puissance de la pensée qui me permet d'attirer plus d'amour dans ma vie... juste en inspirant et expirant en conscience.

VOTRE MANTRA

L'UN n'empêche pas l'autre et l'autre n'empêche pas l'UN

RITUEL 12
Détente du ventre

En médecine taoïste, l'intestin correspond à l'élément terre, donc à la digestion organique autant que psychique : tout ce qu'on a du mal à digérer.

Traduction : notre zone abdominale, que les taoïstes appellent la ceinture Vaisseau conception, est le vecteur de communication énergétique entre le haut et le bas du corps. Selon que nous sommes plus liés au Ciel ou à la Terre, nous allons stocker différemment tout ce qui nous reste sur l'estomac, sur tous les plans. Ce stockage émotionnel contrarie le bon fonctionnement de notre intestin et donc de notre flore intestinale. D'où les problèmes de digestion, de ballonnements, voire des amas graisseux qui, avec le temps, s'installent sur la ceinture abdominale.

Si nous avons une mauvaise communication avec la Terre, avec l'incarnation, nous stockons plutôt l'énergie dans le bas du corps (culotte de cheval, cuisses celluliteuses et gonflette des chevilles).

Si nous avons une mauvaise communication avec le Ciel, c'est le haut qui stocke l'énergie (seins, bras et ventre prennent du volume).

Masser le ventre travaille donc à libérer la barrière entre le haut et le bas, que les taoïstes appellent bien à propos : la barrière de l'évolué, au sens où ce sont bien nos blocages émotionnels qui ralentissent notre chemin d'évolution en alourdissant notre digestion, ce qui empêche de bien penser.

Le massage du ventre, en jouant sur les zones réflexes du lâcher-prise émotionnel participe donc au bien-être intestinal général. Au quotidien, ceux qui sont du genre à tenir le coup en toutes circonstances trouveront dans ce massage une détente leur permettant de mieux s'endormir. Et ceux qui ne tiennent pas si bien le coup nerveusement et qui ont tendance à ruminer sans fin à la moindre contrariété trouveront dans ce massage un geste générateur de sérénité.

Pour tous et toutes, ce massage du soir permet à l'ascenseur énergétique de bien faire circuler l'énergie dans un mouvement fluide de montée et descente, une articulation harmonieuse entre l'énergie Ciel et l'énergie Terre en nous.

EN PRATIQUE

Mettre quelques gouttes d'huile essentielle de lavande fine dans le creux de la main gauche (la main du cœur) et masser le ventre dans le sens des aiguilles d'une montre (vers la gauche) de 1 à 3 minutes.

Pour une cure intensive de déstockage de surcharge pondérale mettre ensuite une compresse d'huile de ricin à garder toute la nuit.

Sur un tissu en coton, étalez 6 cuillères à soupe d'huile de ricin (une serviette fine ou un linge en lin fera aussi bien l'affaire).

Placez le linge sur le ventre en le fixant avec un film alimentaire. Vous pouvez bien sûr utiliser un bandage souple mais il n'aura pas l'effet sauna bénéfique du film alimentaire. En revanche, c'est plus écologique !

Mettre une bouillotte chaude dessus et hum ! que c'est bon de s'endormir avec ce doudou sur le ventre pour la nuit.

N.B. Formidable en cas de règles douloureuses mais aussi pour tout mal de bas du dos donc formidable aussi pour les hommes.

LE PLUS
pour l'âme d'Arouna

Entrer dans la douceur

Quand je me masse le ventre le soir, je me mets d'abord en résonance avec les vertus apaisantes de la lavande. Cela suffit à bien me disposer pour ma nuit. Restent les jours de tempêtes émotionnelles qui littéralement me gonflent… le ventre. Là, pendant mon massage, je demande à mon ventre de me « parler » de mon émotion, agacement, colère, rage, tristesse, vague anxiété… La liste est longue mais elle renvoie toujours au final à la peur, la fameuse peur au ventre !

Si nous arrivons à prendre acte de la peur qui est derrière la plupart de nos émotions négatives, nous sommes face à une énergie lourde et non à un problème ! Et ça change tout ! En tous les cas, l'énergie anxieuse, c'est du domaine de la lavande, c'est son domaine et elle en devient mille fois plus efficace… si on ne laisse pas le mental reprendre du service après le massage. C'est le mental, et lui seul, qui transforme nos énergies vibratoirement lourdes en émotions négatives et variées. Donc, pour maximiser votre massage à la lavande, dites d'abord un STOP ferme à votre mental ruminant ! Pensez à dissoudre la peur derrière l'émotion sans vous accrocher à l'émotion elle-même.

EN PRATIQUE

Je commence par me masser dans le sens contraire des aiguilles d'une montre (vers la droite) pour décoller ma pensée de mon émotion. Je pose mon intention de dissoudre la peur qui est derrière. Ce n'est que quand je suis en contact avec la peur que je commence mon massage à la lavande dans le sens des aiguilles d'une montre, en lui demandant d'apporter son énergie apaisante à mon ventre. Dans un mouvement lent et profond, je mets ma pleine conscience dans la joie de me faire du bon, d'être une bonne mère qui calme mes peurs. Je ne m'occupe pas de la « comprendre ». La peur, la vraie, n'a de raison d'être que dans le moment réel d'un danger. Les peurs derrière les émotions ne sont que la résultante de forces négatives qui nous assaillent par-devers nous. À quoi bon ajouter l'insulte à l'injure en se culpabilisant pour ses émotions négatives ou en dépensant une énergie folle à les analyser dans un esprit de « payer pour ses fautes », de faire un problème de notre fragile humanité. La vraie humilité n'est pas de se fustiger mais de demander de l'aide. En me massant le ventre, je prie donc pour que mon agitation émotionnelle ne me reste pas sur l'estomac. Je demande à la lavande la détente et le calme intérieur qui vont me permettre de revenir à de meilleurs sentiments.

Le lendemain, je me demande souvent pourquoi tant de peur alors que rien d'objectif ne peut la justifier. Reste quelquefois le nœud émotionnel qui a engendré ma peur au ventre. Mais je suis dans de meilleures dispositions pour l'aborder, trouver les bonnes solutions, vu que le massage du ventre, comme l'a expliqué Stéphan, a clarifié ma tête... et que mon ange du sommeil m'a glissé quelques informations éclairantes. Merci la lavande !

LE TÉMOIGNAGE DE STÉPHAN

Je confie à l'Esprit de la lavande mes bobos, contrariétés et petits chagrins du jour, et comme dans un tableau suranné du XIXe siècle, il y a des anges qui les emmaillotent pour les emporter Dieu seul sait où. Je suis profondément reconnaissant à cette magie des huiles essentielles, en particulier de la lavande. Vingt-cinq ans plus tard, elle m'émerveille encore !

VOTRE MANTRA

Je travaille sur moi dans la douceur

LA MELODIE
DE L'APRÈS-MIDI AU COUCHER

*

Vous reposez vos yeux.

Vous prenez votre goûter
de fruits ou légumes.

Vous respirez en respiration alternée.

Vous buvez un grand verre
de votre hydrosol du moment.

Vous plongez vos pieds
dans une bassine d'eau chaude.

Vous massez votre ventre avec de la lavande.

*

**Bonne nuit dans la conscience
du contentement et la gratitude
du verre à moitié plein.**

« Il y a un courant de vie,

Il y a un courant de mort…

Le premier degré de la mort,
c'est le mécontentement.

Si vous ne prenez pas de précautions, le mécontentement se transforme en tristesse. De même la tristesse se transforme en souffrance. Celle-ci devient douleur physique. La douleur physique devient maladie et amène la mort.

Entre ces degrés existent beaucoup de tribulations, de sensations et de remords.

Le commencement de la vie éternelle c'est le contentement et la gratitude qui apportent la joie. La joie amène la paix, la tranquillité, le bonheur.

Ceux-ci amènent la force qui est suivie de la plénitude et enfin de la vie éternelle. »

O.M. Aïvanhov

LA MÉLODIE DES MUSCLES

Le mouvement, c'est la vie

Le temps fait qu'inéluctablement nous rétrécissons : ligaments, muscles et tendons se rigidifient, ce qui entraîne une sourde mais certaine tendance à la rigidité psychique. C'est le coup de vieux garanti qu'aucun lifting ne pourra jamais rattraper. Mais si les effets du temps sont inéluctables, pour Stéphan et moi, on peut rester juvénile à tout âge.

Être juvénile c'est avoir de l'ardeur, de l'enthousiasme, de l'éros au sens de pulsion amoureuse, être un amoureux prompt aux élans du cœur, aux enthousiasmes communicatifs, curieux des autres, de l'art et de la beauté sous toutes ses formes. C'est rester jusqu'au bout partie prenante du monde en mouvement et toujours désireux d'advenir encore et toujours au meilleur de soi-même. En un mot, accepter le paradoxe que chaque oui à la vie est enrichi et embelli par la conscience de notre mortalité !

En ce sens, même des personnes physiquement handicapées peuvent rester jeunes toute leur vie. En revanche, beaucoup de jeunes, tout en ayant la fraîcheur de leur âge peuvent être vieux dans leur tête ou handicapés côté cœur. Il n'empêche, qu'en ce temps d'humanité où nous passons clairement plus de temps assis et couché que debout et dynamique, on peut tranquillement assurer que le manque d'activité accélère le vieillissement. Il est donc capital de se bouger ! D'où notre choix d'intégrer un rituel sinon quotidien, au moins hebdomadaire, et plus si affinité, dans notre programme.

Une pratique corporelle régulière relance et maintient la circulation de l'énergie dans le corps. Cela vaut aussi pour le cerveau ! Activer sa pensée autant que ses membres reste la clé de l'énergie juvénile.

EN PRATIQUE

En ce domaine, goûts, besoins et possibilités varient et le champ des possibles est vaste.

Entre marche rapide, natation, vélo elliptique, yoga, taï-chi, qi gong, il y a l'embarras du choix, sachant qu'une discipline reste légère et invitante, lorsqu'elle est et reste agréable.

Le principal, c'est de bouger au moins une demi-heure par jour.

Au quotidien, pensez à mettre une alarme toutes les heures quand vous travaillez sur votre ordinateur ou autre activité assise. Profitez-en, si vous le pouvez, pour faire un tour de pâté de maison ou de jardin ou, s'il pleut et vente, mettez une bonne musique et dansez.

RITUEL 13

Rajeunir en mouvement

Les 5 tibétains - Le rituel de Stéphan - 10 à 15'

En 1999, un couple d'amis pharmaciens de Bordeaux partage avec moi leur engouement pour les 5 tibétains. Non, il ne s'agit pas de cinq sages tibétains mais d'une pratique corporelle ancestrale qui promet longévité et rajeunissement au-delà du basique bien-être vital et du boost énergétique.

J'achète le livre. Je découvre l'histoire abracadabrante mais vraie du colonel Bradford qui a découvert par hasard la « pierre philosophale » de la médecine tibétaine transmise par les lamas : cinq rituels capables d'inverser le processus de l'âge. Bon, depuis que je pratique assidûment, je reconnais que ça me tient en superforme mais je ne m'engage pas sur le rêve légendaire d'arrêter le temps. Je ne garantis pas non plus la source tibétaine de ces exercices qui n'est pas vraiment prouvée, mais par contre, ceux que j'ai convaincus sont unanimes : ces 5 exercices relativement simples, en plus de booster très vite notre énergie vitale, libèrent les confusions mentales et énergétiques que nous pouvons avoir dans la tête. La clarté d'esprit qui permet de résoudre plus facilement les problèmes personnels augmente, sans compter sur le plus long terme une ceinture abdominale renforcée ainsi qu'un gainage global de la silhouette. Et... cerise sur le gâteau : une belle énergie sexuelle.

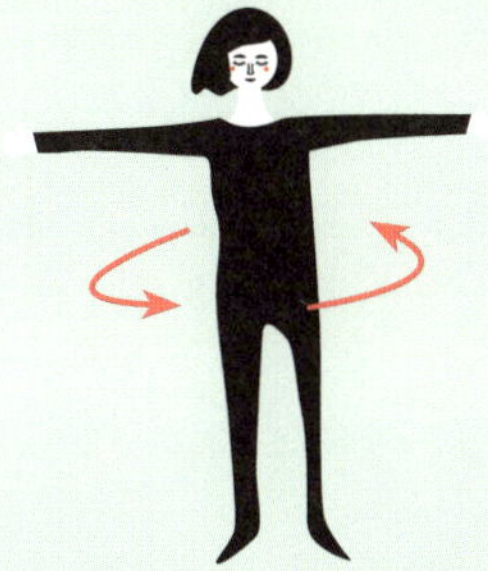

1 Le cercle

Debout les bras en T, tournez lentement autour de votre axe vertical. Fixez un point sur le mur, autant que la position vous le permet.

2 La bougie

Dos à plat sur le sol et bras le long du corps paumes à plat, relevez la tête vers le buste et les jambes à 90° du sol, genoux légèrement fléchis à l'inspir, retrouvez la position allongée à l'expir.

3 La demi-lune

À genoux, pieds à 90° du sol et orteils vers l'avant, mains sur le sacrum pour soutenir le dos, penchez lentement et en courbure la tête puis le haut du dos vers l'arrière. La position ne doit pas être inconfortable.

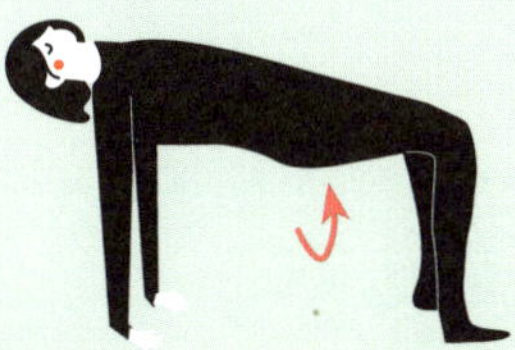

4 Le pont

Jambes allongées devant vous, en position assise, les mains à plat au sol au niveau des hanches, posez les pieds au sol puis lever à l'inspir le bassin et les genoux vers le haut et l'avant jusqu'à avoir les bras et les mollets à 90° et le reste du corps parallèle au sol. Revenir en position assise à l'expir.

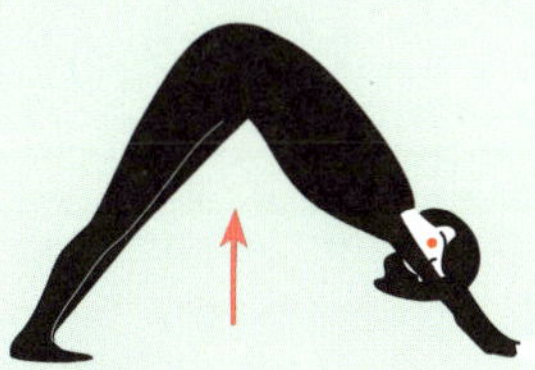

5 La montagne

Allongé à plat ventre, mains au niveau des épaules, orteils en contact avec le sol, levez votre bassin vers le ciel jusqu'à former un V avec votre corps à l'inspir, revenez au sol à l'expir. Les talons doivent si possible être à plat au sol dans la posture haute.

RITUEL 14

Solairement juvénile

La salutation au soleil - Le rituel d'Arouna - 10 à 15'

Ce choix est un clin d'œil à Eva Ruchpaul qui a toujours considéré que cette posture était la clé de voûte de tout le Hatha-Yoga. À l'époque où je me formais dans son Institut pour devenir professeur de Yoga, elle m'avait totalement convaincue. La salutation au soleil est installée depuis dans ma trousse de maturité juvénile.

La tradition dit qu'à lui seul, cet enchaînement sollicite chacun de nos muscles, tendons et ligaments, ce qui revient à dire qu'il est une gymnastique complète, et cela, je l'ai toujours senti dans mon corps qui me l'a bien rendu en forme, santé et souplesse. Je ne suis restée professeur de yoga qu'une dizaine d'années mais cette posture est restée ma pratique corporelle de base, sauf qu'elle est devenue encore plus chère/chair à mon cœur depuis que j'y ajoute de la conscience solaire. Ma salutation au soleil de départ a évolué en un véritable yoga du soleil, le Surya-Yoga[24] qui est mon hatha-yoga d'aujourd'hui.

EN PRATIQUE

Pendant tout l'enchaînement, je me connecte vraiment par la pensée au soleil pour me laisser pénétrer par ses vertus vitales : la Vie, la Chaleur et la Lumière.

Bénéfice triplé pour une seule pratique corporelle qui augmente l'énergie vitale de mon corps, remplit mon âme de chaleur et mon cerveau de lumière.

Un gain de temps évident et joyeux qui met du soleil dans ma journée, même lorsqu'il fait gris.

D'autant que sur le plan vibratoire, cette « Sainte Trinité » engramme réellement des particules solaires dans le corps et participent puissamment au rajeunissement des cellules.

Je remplace d'ailleurs, de temps en temps, ma salutation au soleil par les 5 tibétains : si l'immortalité reste incertaine, autant doubler mes chances.

Mais j'y ajoute toujours ma conscience solaire parce que, si pour l'immortalité j'ai les mêmes réserves que Stéphan, il y a une chose dont je suis certaine, si au quotidien on rajoute la conscience de l'énergie solaire à nos mouvements, ils contribuent à notre rajeunissement.

La chaleur, le rayonnement, la pétillance qui s'engendrent dans nos cellules grâce à l'énergie solaire, sont aussi la marque de l'expression juvénile de la jeunesse.

Pour spiritualistes pressés : Les jours où je n'ai pas le temps de faire ni ma salutation au soleil, ni les 5 tibétains, je pratique quand même ma conscience corporelle avec le Surya-Yoga.

Comment ? En reliant mes mouvements quotidiens, au soleil ! L'énergie suit la pensée : je reçois instantanément sa chaleur qui dilate mon âme et sa lumière qui fait vibrer ma pensée… et les jours de grâce me vient ce fameux sourire que dessinent les enfants. Cela met de la joie dans mes mouvements, une manière plus spirituelle de dynamiser le corps mais qui marche super bien en vertu du pouvoir de l'esprit sur la matière !

LA MÉLODIE DES SAISONS

L'harmonie dans le changement

Le rapport entre la Nature et la nature humaine est un axe essentiel pour l'avenir de notre humanité. La transgression par l'homme des lois de la Nature, conduit toujours la Nature à se révolter via un des quatre éléments, l'eau, l'air, le feu et la terre. Mettre le corps en résonance avec l'Esprit des saisons est pour nous, le fondement d'une écologie qui commence chez soi ! Une manière personnelle d'honorer la Nature et de vivre à l'heure du Temps. Il y aurait tant à dire sur les bénéfices d'un travail de développement personnel, relationnel et/ou spirituel fait en harmonie avec les saisons ! Je peux, en tous les cas, témoigner que de même que je ne mange pas de tomates en hiver, et que j'adapte mon énergie, mes pratiques spirituelles à l'Esprit des saisons[25], j'ai appris à puiser dans les ressources de chaque saison pour la vivre au bon rythme. Ce qui me garde une énergie vitale, différente dans son expression, mais à disposition en toute saison, qu'il pleuve ou qu'il fasse soleil. Mon travail avec les saisons a été ma voie royale pour ancrer ma spiritualité dans le Temps. Pour ne plus être dépendante du temps qu'il fait, justement ! En dépit du temps qui passe irrémédiablement, je bénis maintenant chaque jour ce temps limité d'incarnation qui permet à mon âme de grandir, comme elle ne pourrait jamais le faire hors-corps, hors-temps, hors-sol, et hors les autres, en chair et en os… cette humanité que j'aime tant !

Apprivoiser le rythme qui marque la réalité des choses, ne plus penser son énergie en termes de permanence intègre notre mortalité à la vie et paradoxalement nous rend plus vivant dans le moment présent. « Toute chose a sa durée[26]. » (*Le Kybalion*). Apprenons à accepter gracieusement que rien ne dure et nous surferons mieux entre les bosses et les creux de notre énergie.

Face au changement de temps et de saison, gardons à l'esprit que tout progrès est suivi d'un recul, ou tout du moins d'un appel à creuser plus. Plus un arbre grandit, plus ses racines s'enfoncent, n'est-ce pas ? Le temps nous apprend l'art de reculer pour mieux sauter ! Au lieu de grommeler quand ça stagne dans notre vie, voyons ces temps comme l'annonciation de sauts vers une nouvelle rive de nous-mêmes. Un ralentissement, voire un sentiment d'arrêt dans le rythme de nos vies est souvent une nécessité liée à un processus de nettoyage, ce que la Kabbale appelle la libération de nos canaux bouchés. Quelquefois, ce n'est peut-être qu'un temps nécessaire pour qu'une nouvelle semence prenne racine, un temps d'intégration.

Ce dont je suis aujourd'hui convaincue c'est que nous accélérons notre renouvellement sur tous les plans : spirituel (notre état d'esprit), psychique (notre état d'âme), et physique (notre état énergétique) lorsque nous mettons notre corps en résonance avec la saison en cours, surtout si nous en conscientisons l'Esprit.

En automne, c'est le temps de semer en conscience nos bonnes intentions pour qu'elles se réalisent dans l'année qui vient.

En hiver, le temps de gester notre renouveau en nourrissant de belles introspections.

Au printemps, le temps d'accompagner notre expansion énergétique en nommant ce qui se renouvelle.

En été, le temps de se réjouir des récoltes du travail accompli toute l'année.

LA ROUE DES SAISONS

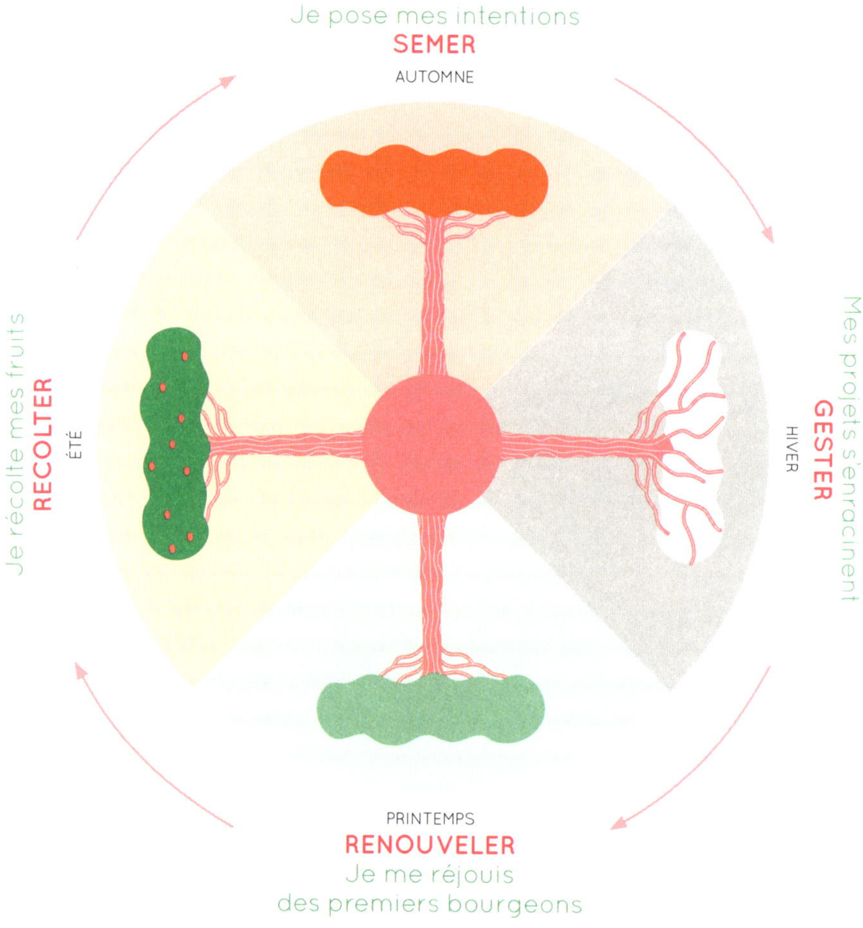

Par la puissance de l'Esprit[27] chaque saison devient un portail initiatique naturel qui permet de mettre au compost de vieilles mémoires cellulaires à la fin de l'été, de nous libérer des feuilles mortes de l'automne pour mieux accueillir à chaque printemps notre nouveau jardin, gesté en hiver.

À noter : Ne pas oublier la cinquième saison, la saison dite Terre qui correspond à la Rate et au Pancréas dans la médecine chinoise. Il s'agit de la trentaine de jours avant les solstices et les équinoxes. Son énergie créative sert de pont énergétique entre une saison et la suivante mais aussi entre un temps de nous-mêmes qui se finit et un autre qu'on ne sent pas encore. C'est vraiment le moment de cultiver intérieurement la Joie de la Loi et suffisamment d'amitié du Temps pour accueillir les chaos momentanés des passages comme la loi du rythme en action dans notre vie intérieure, une autre expression de l'amour de soi en incarnation.

Et en début de chaque saison Terre, je prends, comme le conseille Stéphan, de d'huile d'olive ozonée.

EN PRATIQUE

Prendre une cuillère à soupe d'huile d'olive ozonée le matin à jeun en cure d'une dizaine de jours.

RITUEL 15

Se nourrir au rythme des saisons

Déjà en leur temps, les travaux du Dr Edmond Bordeaux Szekely (1905-1979) publiés dans Médecine Essenienne, l'Évangile de la Paix[28] *avaient apporté un éclairage sur les liens étroits entre l'alchimie et l'alimentation propre à chaque saison.*

Il a classé les aliments en quatre catégories :

Du côté positif, les aliments biogéniques comme les fruits et légumes qui engendrent la vie et les aliments bioactifs comme algues, herbes, épices qui la soutiennent.

Du côté négatif, les aliments biostatiques comme café, sucre raffiné, alcool, etc. qui affaiblissent la force de vie et les biocidiques comme sodas, cigarettes et tous les conservateurs non naturels qui la détruisent carrément.

Aujourd'hui, j'insiste beaucoup dans ma pratique sur l'importance de soutenir notre organisme en syntonisation avec l'énergie de chaque saison pour optimiser nos rituels de bien-être. En accord avec les quatre principes naturopathiques de la « propreté » organique et psychique (élimination, assimilation, absorption et digestion), je préconise d'augmenter les aliments biogéniques et bioactifs, et de réduire les aliments biostatiques et biocidiques pour un meilleur équilibre acido-basique.

Cette logique énergétique accorde notre énergie vitale au rythme naturel des saisons et la soutient de manière simple et formidablement efficace.

Comme rituels de saison je vous propose tout simplement d'ajouter à votre vie quotidienne tisanes, plantes, huiles, essentielles de saison ou les compléments alimentaires qui mettent en bio résonance les organes de saison avec l'énergie saisonnière.

RITUEL 16

L'automne
En demi-teintes

Pendant l'automne, saison qui correspond au poumon et au gros intestin, il faut énergétiquement contrer la mélancolie de la fin de l'été et préparer le système immunitaire pour l'hiver.

Septembre, octobre, novembre c'est le temps du fenouil, céleri, salsifis, potiron, courges, raisins, figues, châtaignes, coings, etc.

Ces aliments sont riches en antioxydants, flavonoïdes et caroténoïdes.

EN PRATIQUE

La tisane de l'automne

Pour fortifier les poumons, adoucir les tristesses : tisane de thym chaque matin.

Pour alléger le gros intestin, libérer la tête et garder le moral : gélules ou tisanes de bardane.

L'huile essentielle d'automne

Le petit grain bigarade qui soutient le moral en cas de déprime, voire de dépression saisonnière.

Prise dès le début septembre, cette huile essentielle aide à mieux traverser le spleen automnal : à respirer dans le flacon une minute le matin au réveil et le soir au coucher.

Le velouté de fenouil-carotte

Une idée de recette au petit grain bigarade qui prend cinq minutes

Pour 4 personnes

1. Couper en morceaux deux fenouils, cinq carottes, un gros oignon.

2. Plonger dans une casserole d'eau bouillante et laisser cuire, environ 20 minutes.

3. Mixer le tout.

4. Ajouter deux cuillères à soupe d'huile d'olive bio et une goutte d'huile essentielle de petit grain bigarade et dégustez.

LE PLUS
pour l'âme d'Arouna

On récolte ce qu'on sème

La vie « normale » reprend avec la rentrée sociale, la rentrée des classes, la rentrée dans sa tête pleine de bonnes résolutions pour l'année qui démarre. Oui, mais... entre la reprise intense de nos activités professionnelles et l'activisme, il n'y a qu'un pas... celui à ne pas franchir si nous voulons que notre âme ne s'affole pas trop. L'agitation sert souvent à masquer la mélancolie propre à la fin de l'été surtout lorsque le soleil s'absente trop vite, mais le plus embêtant énergétiquement parlant, c'est que notre agitation entrave grandement l'inscription en profondeur, dans notre mémoire cellulaire, de la lumière accumulée en été. Plus vous avez eu un été où vous avez fortement résonné avec la puissance solaire, plus il importe de rassembler toutes ces énergies pour les faire rentrer à la maison, dans notre terre à nous, notre corps. Résistez à la tentation d'investir cette énergie solaire dans l'activisme des rentrées, investissez-la plutôt dans les semences que sont vos bonnes résolutions. Votre âme vous dira merci lorsque les feuilles mortes joncheront les pavés.

Mon conseil

Mettre en réserve l'énergie solaire absorbée durant l'été.

Pendant tout le mois de septembre, repassez-vous souvent en conscience le film de vos plaisirs d'été restés à fleur de votre peau encore chaude. Imaginez que vous mettez cette énergie dans un thermos que vous gardez précieusement dans votre cœur. L'imagination étant formatrice, vous renforcez le réservoir d'énergie où vous puiserez vos forces en hiver pour tenir jusqu'au printemps.

N'oubliez pas de respirer et concentrez-vous sur les intentions à poser pour l'année car les bonnes résolutions que vous plantez à cette saison d'automne fleuriront dans votre jardin au printemps.

L'invitation spirituelle

L'automne est le bon moment pour apprendre à se mettre en résonance avec le principe du rythme : toute chose a un commencement et une fin. Observez où vous en êtes avec l'acceptation que les choses ne durent pas... et avec le gai savoir que le soleil revient toujours.

RITUEL 17

L'hiver
Vive le vent

Pendant l'hiver, saison qui correspond au rein et à la vessie il faut énergétiquement renforcer le système immunitaire en gardant sa chaleur interne afin d'éviter les refroidissements.

Décembre, janvier, février c'est le temps de la mâche, poireau, endive, navet, carotte, clémentine, mandarine, kiwi, etc.

Aliments riches en acide chicorique aux propriétés antioxydantes et en vitamines A, B9 et K.

EN PRATIQUE

Les tisanes de l'hiver

Pour soutenir l'énergie du rein, éliminer sans s'épuiser, soulager les douleurs articulaires : la tisane de reine des prés en cure de 20 jours à partir de 30 ans.
NB : contre-indiquée en cas d'allergie

Pour éviter les infections hivernales : tisane de bouillon blanc.

L'huile essentielle de l'hiver

L'épinette noire pour diminuer le stress du quotidien,

voire le stress chronique, alléger les douleurs rhumatismales propres à l'hiver : à respirer dans le flacon une minute au réveil et le soir au coucher.

Soupe crue au cresson

Une idée de recette à l'épinette noire qui prend cinq minutes

Pour quatre personnes
Dans un blender mettre : 250 g de cresson + 500 g de champignons (frais ou sec, préalablement réhydratés) + une échalote + une goutte d'huile essentielle d'épinette noire + 50 cl d'eau bouillante.

Mixez et dégustez.

LE PLUS
pour l'âme d'Arouna

Faire confiance au processus

La lumière s'enfonce au plus profond de la terre, et également dans notre corps.

Brr… Il commence à faire vraiment froid et il fait noir de plus en plus tôt. Notre petit « moi » grogne. Pas prêt pour l'hiver ? Vite, vite, il faut lui rappeler que ce n'est pas si grave de remettre bonnets et chaussettes. Mettre sa tête et ses pieds au chaud évite les refroidissements et permet de garder un œil vif sur le verre à moitié plein : à partir du solstice d'hiver, la lumière revient, LE détail à ne pas oublier ! Nous allons, homme ou femme, être « enceint·e » de nos nouvelles lumières intérieures.

Les alchimistes l'avaient bien compris : rien ne peut naître sans cette «Œuvre au noir » que la saison d'hiver symbolise. Notre renaissance intérieure passe par la voie d'un lâcher-prise inévitable plus ou moins agréable : toute femme enceinte le sait bien !

Mon conseil

Lâcher-prise en douceur.

Homme ou femme : accompagnez en pleine conscience la gestation en cours dans un état de réceptivité-active comme j'aime l'appeler. La réceptivité-active est « l'action » de la saison d'hiver : rester attentif à nos sensations, aux informations organiques, les contempler, être à l'écoute de son moi en cours de renouvellement. Cette attention bienveillante sans prise de tête et surtout sans jugement est l'essence du pouvoir magique de la confiance dans un processus en cours.

En hiver, être activement réceptif c'est ne jamais oublier que la puissance de vie poursuit son œuvre au cœur du noir. À nous d'imaginer notre moi renouvelé à venir, en le parant de belles couleurs, de bonnes énergies, du meilleur à rêver. Ainsi faisant, nous éloignons toute tentation de passivité résignée.

L'invitation spirituelle

L'hiver est le bon moment pour apprendre à se mettre en résonance avec le principe de causalité : si j'ai planté des roses en automne, je ne récolterai pas des orties au printemps. Observez où vous en êtes avec l'acceptation selon laquelle on récolte ce qu'on s'aime... et le gai savoir que vous avez de belles roses à gester pendant l'hiver parce que vous les aimez.

+ mes outils « bonne mine » pour l'hiver à adopter sans modération :

- massage relaxant ;
- luminothérapie ;
- bain hydromassant ;
- et autres thérapies corporelles qui permettent d'accompagner la fatigue d'une manière réceptive-active.

Quand le corps se détend, les informations sous forme de rêves, hasards et synchronicités circulent mieux.

RITUEL 18

Le printemps
Le nouveau jardin

Pendant la saison de printemps, qui correspond au foie et à la vésicule biliaire, il faut s'alléger énergétiquement du poids de l'hiver, psychique et organique, afin de laisser monter notre sève nouvelle, la joie du renouveau monter.

Mars, avril, mai, c'est le temps des artichauts, asperges, betteraves, brocolis, céleri, radis, kiwi, pommes, etc.

Aliments diurétiques, bons pour l'élimination rénale des toxines, particulièrement l'asperge et l'artichaut.

EN PRATIQUE

On remplace les tisanes de saison, longues à préparer, par des compléments alimentaires (voir le mode d'emploi sur les boîtes.)

Les compléments alimentaires du printemps

Pour le foie

* Ampoule de Chardon-Marie ou d'Artichaut

Pour la vésicule biliaire

* L'Elixir du suédois (avec ou sans alcool)

L'huile essentielle du printemps

* L'huile essentielle de citron pour alléger le foie, le système digestif et renforcer le système nerveux : à respirer dans le flacon une minute le matin au réveil et le soir au coucher.

La polenta citronnée

Une idée de recette à l'huile essentielle de citron qui prend cinq minutes

Pour quatre personnes
Plonger cinq minutes, dans 80 cl d'eau bouillante : 200 g de semoule d'épeautre précuite + deux cuillères à soupe d'huile d'olive bio + deux cuillères à café de sel d'Himalaya + une cuillère à café de miel de fleurs + trois gouttes d'huile essentielle de citron.

Râpez le zeste d'un citron.

Rajoutez à la semoule.

Parsemez de persil et dégustez.

LE PLUS

pour l'âme d'Arouna

Le nettoyage intérieur

Chaque printemps, c'est la même chose ! Cet infini de vert tendre sur les arbres, les bourgeons de fleurs, les oiseaux qui pépient, la promesse de la chaleur d'été... le miracle de la renaissance qui revient.

Certes, les bourgeons de notre renouveau personnel sont encore minuscules, mais ils vont bientôt s'épanouir, à condition qu'entre les intentions plantées en automne et les fruits de l'été vous ne vous arrêtiez pas à mi-chemin. Doutes et pessimisme sont les poisons de la saison : ils contaminent le sang et entravent le processus de renouvellement. Les jardins sont plein de bois mort, de feuilles en décomposition mélangées à des petites fleurs en mal d'éclosion, c'est vrai que ça fait un peu désordre mais ce chaos est la force de vie en épiphanie, l'annonce même du renouveau. Ne doutez pas ! Si vos intentions étaient sincères, elles vont forcément induire du changement en vous et dans votre vie. Il faut juste prendre le temps d'aérer la terre, de respirer beaucoup pour activer la montée de la sève et surtout ne pas résister à l'inconfort du chaos.

Mon conseil

Être Ok avec le chaos.

Engagez-vous en conscience dans le fameux nettoyage de printemps.

Si naturopathiquement c'est le moment de drainer le corps pour nettoyer tout ce qui a fermenté, de désengorger d'une manière ou d'une autre nos canaux internes, il en va de même pour le jardin de notre âme. Comme les arbres, vous êtes à la fois le même et tout neuf. Mettez au compost les croyances qui ne collent plus avec ce que vous sentez bourgeonner en vous. Nettoyez ce qui ne mérite plus d'être vous, en cohérence et congruence avec vos intentions d'automne.

Le renouveau printanier, c'est aussi le triomphe de la pulsion de vie sur les forces mortifères qui nous tirent en arrière. Regardez les arbres, regardez les fleurs, écoutez les oiseaux, regardez tout ce qui vibre de vitalité dehors et ouvrez votre jardin intérieur, votre corps, à toujours plus de nouvelle vie.

L'invitation spirituelle

Le printemps est le bon moment pour apprendre à se mettre en résonance avec le principe de correspondance : notre nature humaine est en correspondance avec la Nature. Observez où vous en êtes avec l'acceptation selon laquelle le dehors, le monde extérieur se reflète dedans, dans notre monde intérieur… et avec le gai savoir que si le renouveau bourgeonne dehors, il bourgeonne forcément en vous aussi.

RITUEL 19
L'été
La profusion luxuriante

Pendant l'été, saison qui correspond à l'intestin grêle et au cœur, il faut énergétiquement récolter et assimiler l'énergie solaire sous toutes ses formes afin d'en engranger pour l'automne et l'hiver, notamment la fameuse vitamine D3.

Juin, juillet, août c'est le temps des tomates, poivrons, concombres, haricots verts, pêches, pastèques, melons, abricots.

Ces aliments sont riches en flavonoïdes et en vitamine C.

EN PRATIQUE

Les compléments alimentaires de l'été

Pour l'intestin grêle

* Psyllium blond bio : équilibrant du système intestinal (siège de notre immunité), il prépare notre intestin à l'automne. Le + beauté : teint clair, moins de boutons et ventre plat !
* Une cuillère à soupe dans un verre d'eau à température ambiante au coucher.

L'huile essentielle d'été

L'huile essentielle de fenouil pour activer les sucs digestifs, les sécrétions salivaires, intestinales et pancréatiques permettant une bonne digestion dans une saison où le corps est un peu au ralenti :

* à respirer dans le flacon une minute le matin au réveil et le soir au coucher.

Concassé Rouge-Tomate

Une idée de recette à l'huile essentielle de fenouil qui prend cinq minutes de préparation – Une heure de cuisson

Pour quatre personnes
Mettre dans une cocotte : une dizaine de tomates + 50 cl d'huile d'olive bio + deux verres d'eau + un bouquet garni + sel, poivre + cinq gousses d'ail (facultatif).

Laisser mijoter pendant une bonne heure à feu très doux.

Au moment de servir, rajouter une goutte d'huile essentielle de fenouil dans chaque assiette et dégustez.

LE PLUS
pour l'âme d'Arouna

L'éclate sacrée

Ouf ! On arrive au bout de notre année de travail ! On voit enfin pointer le temps des vacances sur nos agendas.

Traduction : toutes les résolutions que j'ai plantées en automne, gestées en hiver, nettoyées au printemps se révèlent sous la belle lumière estivale du soleil.

Le feu solaire fait fondre les scories de notre moi renouvelé par les prises de conscience faites tout au long de l'année. Il faut juste penser à mettre de la crème haute protection car le feu, comme toute chose ici-bas, a deux versants énergétiques : une puissance régénératrice, créatrice et érotique, une autre destructrice voire autodestructrice. Pour le meilleur, l'été on engorge l'énergie solaire dont on va avoir besoin jusqu'au prochain printemps. Encore faut-il être suffisamment détendu pour se laisser pénétrer par l'énergie-feu, car l'été est le temps où le feu et le corps se rencontrent pour le plus grand bonheur du plaisir des sens. Ne gâchez pas votre plaisir ! N'attendez pas qu'il vienne de l'autre. Goûtez, touchez, sentez, contemplez, écoutez. Vos cinq sens vous mettent en contact avec vous-mêmes. C'est cela être bien dans SA peau.

« La peau est ce qu'il y a de plus profond chez l'homme », comme dit Paul Valéry.

Mon conseil

Décupler votre plaisir des sens en parlant à votre âme.

L'âme est la clé pour s'ouvrir à l'ivresse du plaisir sans se brûler les ailes, la clé d'une sexualité sacrée dans laquelle le sens du sacré s'ajoute à la danse des cinq sens. Cultivez en conscience le lien entre votre corps et votre âme pour mieux observer votre véritable compétence au plaisir, à la joie du feu sacré. C'est l'esprit même de la Saint-Jean, la célébration traditionnelle du solstice d'été.

Ma pratique personnelle : la veille du solstice, le 20 juin, j'écris sur un papier mon souhait de faire fondre au soleil d'été ce qui reste de mes résistances au plaisir, ce qui peut encore faire obstacle à mon « envie d'avoir envie » de joie charnelle. Je laisse ce papier sous mon oreiller jusqu'à la Saint-Jean. Le lendemain, j'allume une bougie et je brûle mon papier en priant l'Ange du feu de lancer la combustion de mes résistances et je rêve à plus de compétence au plaisir sacré en-corps !

L'invitation spirituelle

L'été est le bon moment pour se mettre en résonance avec le principe de vibration : notre feu intérieur est sacré à la mesure de notre taux vibratoire personnel. Observez où vous en êtes de vos plaisirs des sens… et avec le gai savoir que le sacré s'ajoute à la danse des sens si l'énergie sexuelle est connectée à l'âme.

POUR LE DIRE AVEC LES MOTS DE BORIS VIAN

« Sexuellement, c'est-à-dire de toute mon âme »

RITUEL 20

L'essence ciel, les huiles essentielles

On appelle huile essentielle, HE, le liquide concentré des composés aromatiques volatiles d'une plante. La concentration d'une huile, très justement appelée essence-ciel, est telle que respirer les molécules d'une HE donne une information cosmique au cerveau reptilien, notre cerveau instinctif, en moins d'une minute. Cela, sans contrainte imposée au corps, car via le cerveau reptilien, il prend le niveau d'information dont il a besoin à un moment donné sans que le mental puisse intervenir et dénaturer l'information. On peut sentir instantanément les effets, ou ne pas les ressentir, ils n'en seront pas moins bénéfiques.

Tout dans le vivant a une fréquence propre. Chaque HE a la sienne. Et chacun de nous aussi ! Les appareils à ondes scalaires utilisés par la Nasa peuvent aujourd'hui mesurer objectivement la fréquence du vivant, y compris celle de notre fréquence électromagnétique. En reniflant une HE, donc une fréquence de plante, notre énergie s'en trouve très vite augmentée. C'est tout le principe de l'olfactothérapie, une thérapie par « sniffage », qui fait appel à l'un de nos sens les plus développés car puissamment relié à toutes nos terminaisons nerveuses : l'odorat. C'est donc la double action des molécules ET de la conscience olfactive qui permet à la fréquence de l'huile essentielle de nous maintenir dans un état énergétique élevé. Respirer l'huile, au lieu de l'appliquer ou de l'ingurgiter, permet par ailleurs d'éviter toute problématique d'allergie cutanée. Les bénéfices thérapeutiques par la respiration étant tout aussi puissants que l'action directe sur la peau.

L'HUILE ESSENTIELLE DE BASILIC

Les Indiens vénèrent le basilic qui, disent-ils, libère la foi. Le basilic stimule, pour sûr, la capacité de s'enthousiasmer !

Pour ma part, je l'indique :

- Pour tous les problèmes de digestion physique ou mentale ;
- Pour la fatigue mentale.

EN PRATIQUE

Une goutte de HE de basilic dans une cuillère à café de miel. À prendre au coucher.

NB : l'HE de basilic est contre-indiquée pour les enfants de moins de 6 ans et les femmes enceintes.

L'HUILE ESSENTIELLE DE CAROTTE

Ce légume est cultivé depuis 2 000 ans sur notre planète. Il est connu pour ses qualités réchauffantes. C'est la racine même de la Mère-Nature. La carotte ancre la foi dans le foie qui est le réceptacle de la croyance, que l'huile essentielle de carotte dégraisse au passage.

Pour ma part, je l'indique :

- Pour régénérer le foie et libérer le pancréas, ce qui redonne de la place à la joie de vivre ;
- Pour soulager l'eczéma ;
- Pour contrecarrer les effets du surmenage ;
- Pour renforcer l'assurance de soi.

EN PRATIQUE

Pour l'eczéma

> Mettre dans un peu d'huile d'amande douce deux gouttes d'huile essentielle de carotte à masser sur l'eczéma.

Pour le foie et le pancréas

> Une goutte d'huile essentielle de carotte dans une cuillère à café de miel. À prendre le matin à jeun.

Pour le surmenage et l'assurance de soi

> Inhaler pendant une minute matin et soir.

L'HUILE ESSENTIELLE D'HÉLICHRYSE

En grec, *helichrysum*, signifie le soleil en même temps que le sacré.

Pour ma part, je l'indique :

- Pour calmer et réparer les coups externes (physiques) ou internes (psychiques ou émotionnels) ;
- Pour soulager l'arthrite ;
- Pour atténuer la couperose et le psoriasis.

EN PRATIQUE

Pour les coups externes, arthrite, couperose, psoriasis

> Mettre deux à quatre gouttes dans une cuillère à soupe d'huile d'amande douce et appliquer sur les zones concernées matin et soir.

Pour les coups psychiques ou émotionnels

> Inhaler pendant une minute matin et soir.

L'HUILE ESSENTIELLE DE LAVANDE

Le mot lavande provient du mot latin *lavanda* qui signifie « laver ». Sainte Hildegarde l'utilisait pour tous les problèmes de foie.

Pour ma part, je l'indique :

- Pour soulager les maux de tête ;
- Pour un sommeil réparateur ;
- Pour calmer les anxiétés ;
- Pour soulager les crampes musculaires.

EN PRATIQUE

Pour les maux de tête

> Appliquer une goutte sur chaque tempe et masser légèrement.

Pour les crampes

Appliquer 4-5 gouttes diluées dans de l'huile d'amande et masser la zone de la crampe.

Pour le sommeil et l'anxiété

Deux gouttes dans une tasse d'eau chaude avec une cuillère à café de miel à boire au coucher.

Vous pouvez aussi mettre deux gouttes diluées dans de l'huile d'amande à masser sur la nuque et le plexus solaires matin et soir.

L'HUILE ESSENTIELLE DE ROSE

La rose est depuis toujours associée à l'amour. Son image symbolise aussi la pureté.

Pour ma part, je l'indique :

- Pour l'ouverture du centre énergétique du cœur pour soi et/ou pour les autres ;
- Pour les bronchites chroniques et l'asthme ;
- Pour l'impuissance sexuelle et la frigidité ;
- Pour réguler l'appétit en douceur ;
- Pour calmer les maux d'estomac.

Le + beauté : un excellent antirides

- Dans un flacon de 15 ml, mettre 20 gouttes d'huile essentielle de rose et remplir d'huile de bourrache bio.

EN PRATIQUE

Pour l'ouverture du centre énergétique du cœur

Mettre une goutte dans de l'huile d'amande à masser sur la poitrine et le plexus solaire matin et soir.

Vous pouvez aussi inhaler pendant une minute matin et soir.

Pour l'impuissance et la frigidité

Mettre deux gouttes dans de l'huile d'amande à masser sur le bas-ventre matin et soir.

Pour réguler l'appétit et calmer les maux d'estomac

Mettre dans une cuillère à café de miel une goutte. À prendre le matin à jeun et le soir avant le dîner.

LE PLUS
pour l'âme d'Arouna

Bien se sentir

Chacun sait ce que veut dire avoir quelqu'un dans le nez et son corollaire : je ne peux pas le sentir. Sans compter la formule « Comment tu te sens ? », question simple à laquelle on a bien souvent beaucoup de mal à répondre. Cela tient au fait que le nez correspond symboliquement au discernement, la compétence d'avoir du nez. Cela prend un long chemin avant d'acquérir du discernement par rapport à son ressenti. Si tout ce qu'on sent est vrai, il n'est pas sûr que ce soit objectivement véridique. Même si tout ce qu'on sent peut aisément être court-circuité par nos instincts primaires de survie, et qu'un ressenti peut facilement être confondu avec une véritable intuition. L'intuition est la résultante de l'alchimie entre l'entendement logique et le ressenti subjectif. Elle se cultive donc en développant tout autant le ressenti que le discernement. Au moins, avec les huiles essentielles on peut objectivement vérifier la promesse de l'huile grâce à l'amélioration rapide d'un ressenti négatif.

La pratique des huiles dans cet esprit de vérification objective de nos ressentis, m'a permis de développer mon odorat et donc mon discernement émotionnel pour mieux sentir ce qui me met mal à l'aise, ou les personnes en présence desquelles je ne me sens pas bien. Avec le temps, cela m'a permis de moins me tromper en amour et en amitié ou pour le moins d'apprendre l'art de la distance dans mes relations. En tous les cas, c'est ce que je mets dans ma pensée quand je sniffe mes huiles : devenir plus compétente en ressenti émotionnel pour éviter d'avoir besoin de mes HE en urgence. Les huiles essentielles m'ont appris à faire confiance à mon ressenti olfactif, de lever les diverses barrières que j'avais mises en place pour ne pas trop sentir. Un système de défense propre aux gens qui préfèrent, comme je l'ai fait dans ma jeunesse, ne rien sentir plutôt que d'être déçus ou de souffrir d'éventuels chagrins relationnels. Un peu comme ceux qui préfèrent ne pas se marier pour ne jamais avoir à divorcer. Ou comme les chevaliers à l'armure rouillée[29] enfermés dans une cotte de mailles qui empêche les gens autour d'eux de sentir qu'ils ont plus de cœur qu'il n'y paraît. Pour ma part, lorsque j'ai compris que mes sinusites étaient une somatisation propre au chat échaudé qui craint l'eau froide et surtout qu'il vaut mieux avoir souffert d'amour que de ne jamais avoir aimé, j'ai commencé une rééducation de mon odorat avec une thérapeute formidable qui appliquait la méthode Vittoz[30]. J'ai appris à mieux sentir mes ressentiments, à les accepter au lieu de les mentaliser, à les vivre plus harmonieusement grâce à l'art de la distance juste et de la neutralité bienveillante que j'ai développées dans ma pratique de développement relationnel. Les huiles essentielles aujourd'hui sont mes alliées. Elles sont toujours là pour me rééquilibrer quand, pour une raison ou une autre, je n'ai pas eu assez de nez dans une situation ou avec quelqu'un. Ah ! la joie de se sentir mieux avec les autres au fur et à mesure qu'on a développé son odorat, et qu'on a plus de nez.

LE TÉMOIGNAGE DE STEPHAN

Pour ma part, les huiles m'ont fait découvrir des espaces de sentiment que je ne ressentais pas auparavant comme ceux de la bonté, de la joie pure qui ouvre à des renaissances. Avec le temps, elles m'ont aidé à mettre des mots sur des ressentis qui me comblaient mais que je n'arrivais pas à communiquer faute de mots. Je faisais partie des chevaliers à l'armure rouillée. En fait, j'étais enfermé dans mes propres ressentis. J'aurais pu devenir un nez dans le domaine du parfum, et même dans le domaine des humains, mais toujours sans discernement par rapport à des situations émotionnellement fortes. Depuis que je mets ma conscience sur l'aspect spirituel du nez et que je pense « discernement » quand je sniffe mes huiles, il y a un éveil à l'intelligence relationnelle que je ne savais pas pouvoir attendre de mes huiles magiques.

RITUEL 21

La puissance de la Terre, l'argile

L'argile, remède ancestral et universel, voilà des années que je le bois et que je le conseille pour son effet pacificateur sur l'organisme : l'argile allège le système digestif tout en le reminéralisant profondément.

Raymond Dextreit avait bien raison d'en souligner tous les bienfaits, lorsqu'il écrivit son merveilleux livre L'argile qui guérit[31].

Aujourd'hui, c'est surtout la personnalité incroyable de Jade Allègre, qui porte bien son nom, médecin, anthropologue et naturopathe qui a démocratisé l'utilisation de l'argile, la crédibilisant au sein de la sphère scientifique avec sa thèse de médecine de fin d'étude[32]. Ses voyages, durant lesquels elle côtoie les peuplades de la forêt et de la savane, lui ont permis de démontrer que l'on peut trouver de l'argile absolument partout, ce qui permet de soigner des problèmes internes par absorption autant que des bobos externes par des cataplasmes.

Il suffit d'aller dans un magasin pour trouver ce remède « couteau suisse » à toujours avoir chez soi, pour toute la famille, des petits aux plus grands, sans aucune contre-indication et à un prix sobre.

Les bienfaits

- Reminéralisant (riche en zinc, cuivre, cobalt, chrome, manganèse, fer, sélénium ;
- En cas d'excès alimentaires ;
- En cas de constipation ;

- Antipoison ;
- Antiseptique et cicatrisant pour les coupures ;
- Antidouleur articulaire et en cas de lumbago.

EN PRATIQUE

Usage interne

Utilisez une cuillère en bois ou en plastique (le métal dépolarise l'argile).

Mettre une cuillère à soupe dans un verre d'eau de source la veille ou le matin pour le soir.

Laisser reposer sans remuer. L'argile se dépose au fond du verre.

Le matin, remuez l'argile et boire le tout à jeun ou à distance suffisante du dernier repas ou de prise de médicaments (environ 2 heures).

Ma préférence va à l'argile surfine Illite.

En cataplasme

Faites une pâte assez compacte d'argile et d'eau.

Appliquez sur la zone concernée.

Mettre une gaze dessus.

Laissez poser toute la nuit.

Le lendemain, grattez en douceur et laver.

En cas d'empoisonnement

2 cuillères à soupe bien pleines dans un grand verre, mélanger et boire au plus vite.

Recommencez toutes les quatre heures, trois à quatre fois de suite en attendant le médecin ou les pompiers.

En cas de gingivite ou de parodontie

Un bain de bouche matin et soir après le brossage des dents.

Une cuillère à café dans un verre d'eau bien mélangée.

Pour les cuirs chevelus gras ou pellicules

Excellent en cure pour détoxiner tous les cuirs chevelus.

Faire un shampooing avec une cuillère à café d'argile + une cuillère à café d'huile d'olive dans ½ verre d'eau (env. 20 cl).

Laisser poser une à deux minutes et rincer idéalement avec un jus de citron.

On trouve aujourd'hui des pains 100 % argile pour faire le shampooing.

Le + beauté : le masque d'argile

Pour les peaux à problèmes (acné, boutons, eczéma, etc.).

Dans une coupelle mettre une cuillère à soupe d'argile rose + 1 cuillère à café de miel + 5-6 gouttes de jus de citron à mélanger dans un peu d'eau tiède.

Appliquez et laisser poser 10 à 15 minutes.

LE PLUS
pour l'âme d'Arouna

L'amour de la Terre

J'en ai parlé tout au long de ce livre, de cet amour de la Terre comme l'enjeu même de l'incarnation. Il en faut du temps pour dire ce oui radical à notre naissance, n'est-ce pas ? Pour être en amour du Vivant sous toutes ses formes à commencer par la joie de vivre ! Ne pas se laisser emporter par les forces mortifères qui, comme le chant des sirènes, nous poussent si souvent à regarder le verre à moitié vide plutôt que le verre à moitié plein. À nous plaindre volontiers, nous angoisser pour un futur qui n'est pas encore, en oubliant que le pire n'est jamais certain, anticiper la mauvaise nouvelle, ne pas prendre le temps de s'émerveiller de tout ce que la Nature nous donne en abondance pour peu qu'on respecte ses Lois.

Je n'ai pas d'autre pensée, d'autre conscience à vous proposer quand vous appelez l'argile à votre secours que celle d'honorer à travers elle votre amour de la Terre, votre gratitude pour l'expérience d'humanité qu'elle permet à votre âme. Cet espace-temps qu'elle nous donne pour apprendre à devenir un humain digne, capable d'aimer son prochain comme lui-même. Un projet d'évolution grandiose que nous ne pourrions pas vivre autrement que dans un corps, sur Terre !

LE TÉMOIGNAGE DE STÉPHAN

Lorsque j'ai bu pour la première fois de l'argile, j'ai eu le sentiment de boire le lait de la Terre, une sensation douce qui a apaisé instantanément mes intestins. Un sentiment merveilleux d'être pris maternellement en charge par la Terre-Mère généreuse, universelle. J'ai senti que tout ce qui pouvait m'encombrer d'émotions négatives s'en allait et me laissait étrangement réconforté. Aujourd'hui, quand je bois mon argile, je me sens baigné d'un profond respect pour la Terre qui me réconcilie avec l'empreinte maternelle négative de mon enfance.

CETTE TERRE NOUS EST SACRÉE

« L’eau étincelante des ruisseaux et des fleuves n’est pas de l’eau seulement ; elle est le sang de nos ancêtres. Si nous vous vendons notre terre, vous devrez vous souvenir qu’elle est sacrée, et vous devrez l’enseigner à vos enfants, et leur apprendre que chaque reflet spectral de l’eau claire des lacs raconte le passé et les souvenirs de mon peuple. Le murmure de l’eau est la voix du père de mon père.

Les fleuves sont nos frères.
Ils étanchent notre soif.
Les fleuves portent nos
canoës et nourrissent
nos enfants. Si nous vous
vendons notre terre, vous
devrez vous souvenir que
les fleuves sont nos frères
et les vôtres, et l'enseigner
à vos enfants, et vous
devrez dorénavant leur
témoigner la bonté que
vous auriez pour
un frère. »

**Extrait du discours
du chef indien Seattle (1854)**

Prenez soin de vous. Un choix spirituel

Vingt et un rituels comme rampe de lancement vers un bien-être qui met en valeur notre beauté intérieure, celle de notre âme ! C'est dans cet esprit, que Stéphan et moi avons partagé amoureusement avec vous nos sains/saints secrets personnels. Vous les adopterez tous ou quelques-uns, vous rajouterez les vôtres, ceux que vous aimez et qui vous font du bien. Vous en oublierez certains pendant un temps, pour les reprendre plus tard. Vous les enrichirez des prescriptions personnalisées de vos naturopathes, thérapeutes et autres coaches de bien-être et santé. Ce que nous espérons, c'est que ce livre change quelque chose à votre manière de prendre soin de vous à partir de la conviction inscrite dans chaque rituel que nous vous proposons : votre corps et votre âme sont en interconnexion indivisible !

Le corps est le seul endroit où nous habitons toute notre vie. Seule la mort nous fait changer de demeure. À notre dernier souffle, le cordon ombilical est coupé entre notre corps et notre âme. Le corps reste en terre. L'âme continue son voyage vers les éthers infinis de Lumière avant de revenir dans un autre véhicule pour poursuivre sa route d'évolution. Mais le temps d'une incarnation, c'est notre corps qui sert de véhicule à notre âme pour lui permettre d'évoluer, d'apprendre de ses erreurs, d'accomplir des inaccomplis, de réparer des fautes, d'écrire une page belle et féconde de son Livre de Vie. Nous n'avons aucune preuve de la réincarnation, pas plus que nous n'avons de preuve de son inexistence sous une forme ou une autre. En attendant les nouvelles informations que la physique quantique et autres recherches scientifiques vont apporter à l'avenir sur ce sujet, pour nous, cette philosophie de vie, qui inclut ce lien ininterrompu entre l'âme et le corps, est la seule qui donne un sens spirituel à l'existence terrestre. Et elle change tout à la question de prendre soin de son apparence extérieure ! Loin d'être l'expression d'un nombrilisme vaniteux, prendre soin de soi devient une marque de reconnaissance concrète de notre âme, le test de réalité de notre philosophie de vie. Surtout si on comprend que la conscience est le vecteur de la puissance de l'esprit. La pensée en est son haut-parleur : plus notre conscience s'élargit, plus notre pensée, l'expression concrète de l'esprit, est puissante.

Que vous ne soyez pas toujours aussi discipliné que vous le souhaiteriez dans vos pratiques de bien-être ou de beauté corporels, l'essentiel pour nous, c'est le message : la puissance de votre pensée positive, la conscience ajoutée et le sens philosophique autant que le sens du sacré que vous donnez à chacun de vos rituels, les transforment en méditation active ! Si la conscience est l'outil spirituel par excellence, nous affirmons dans ce livre qu'elle est aussi celui du bien-être corporel. Nous soutenons que le désir d'une beauté extérieure renforce le lien entre notre corps et notre âme et nous rend aussi beaux et belles que notre lumière intérieure. Et si le bien-être corporel et l'apparence physique étaient le test de réalité de notre spiritualité, de notre philosophie de vie en général ?

Waouh ! Cela ouvre des perspectives infinies de réflexion... et je dois à ce livre de m'avoir ouvert de nombreuses pistes sur ces thèmes.

Commençons par l'idée développée par Fabrice Midal que *Narcisse n'est pas un égoïste*[33]. Ce qui nous amène à bien différencier le prendre soin qui satisfait notre amour-propre de celui qui cultive l'amour de Soi, qui honore le corps par amour de l'incarnation, qui fait du prendre soin une voie de spiritualité incarnée qui donne les meilleures conditions à l'âme pour sa présence de beauté dans le monde.

Poursuivons avec l'idée que prendre soin de soi nous engage sur le chemin exigeant de l'autonomie : nous sortons de la dépendance énergétique lorsque nous prenons en charge la qualité du parfum, de l'ambiance, de la vitalité de nos vibrations et de nos émanations qui sont les expressions concrètes de notre réalité d'âme dans le corps. Ce qui fait de nous des humains qui font envie plutôt que pitié, dégageant une énergie positive et rayonnante de bien-être qui fait du bien aux autres. Plus besoin de puiser dans l'énergie des autres de quoi nourrir notre propre vitalité.

Allons plus loin : si prendre soin de soi avait aussi une dimension politique, au sens de participer énergétiquement à la vie de la Cité. Le monde entier se détend autour d'un être qui est bien dans sa peau, qui fait du bien, du bon, du beau et surtout du bio, du vivifiant aux autres à travers sa façon de communiquer, de sourire, d'accueillir l'autre. Qui fait de son corps le partenaire de vérité de son état spirituel, de ses états d'esprit et de ses états d'âme. Qui fait de la conscience l'outil principal de l'art philosophique de bien mener sa vie. Qui fait du prendre soin de soi un acte spirituel mais aussi politique, au sens où il donne à son apparence et son être-au-monde la valeur d'exemple et d'influence sur la vie de la Cité. En ce sens, on peut dire que prendre soin de soi avec cette conscience est résolument altruiste !

Plutôt que de prendre nos maux en patience, prenons notre bien-être en urgence. Soyons contagieux de bien-être, de beauté et de lumière.

NOTES

PAGE 10

1. Omraam Mikhaël Aïvanhov, *Œuvres complètes*, Ed. Prosveta.

PAGE 11

2. Arouna Lipschitz, voir voiedelamoureux.com.

PAGE 17

3. Arouna Lipschitz, *L'Un n'empêche pas l'autre*, Ed. Le Souffle d'or, 2003 - J'ai Lu, 2006.

PAGE 22

4. David Servan-Schreiber, *Guérir*, Ed. Robert Laffont, 2003, Pocket 2005.

5. David O'Hare, *Cohérence cardiaque 3.6.5*, Thierry Souccar Editions, 2019.

PAGE 24

6. Patrick Drouot & Marie Borrel, *Le Guide pratique de la cohérence cardiaque*, Ed. Guy Trédaniel, 2017.

PAGE 43

7. O.M.Aïvanhov, *Le yoga de la Nutrition*, Ed. Prosveta - 2e édition, 2002.

8. O.M.Aïvanhov, *Harmonie et Santé*, Ed. Prosveta, 2001.

PAGE 45

9. Jacques Benveniste, *Ma vérité sur « la mémoire de l'eau »*, Albin Michel, 2005.

10. Docteur Masaru Emoto, *Le miracle de l'eau*, Ed. Guy Trédaniel, 2008.

11. Voir origin8.fr.

12. Benoît Gandy, voir benoitgandy.fr.

PAGE 46

13. Nelly Grosjean, *Hydrosolthérapie et aromathérapie*, Ed. Lanore, 2020.

PAGE 48

14. Stéphane Drouet, *L'eau et la conscience quantique*, Ed. Dangles, 2021.

PAGE 55

15. Christian Drapeau, *Le pouvoir insoupçonné des cellules souches*, Ed. de l'Homme, 2011.

PAGE 62

16. Irène Grosjean, *La vie en abondance*, Ed. Biovie, 2020.

PAGE 67

17. O.M.Aïvanhov, Pensée du 12 avril in *Pensées quotidiennes 2021*, Ed. Prosveta.

PAGE 73

18. A. Lipschitz, *La Géographie des Corps*, A2ZL Éditions, 2016.

PAGE 75

19. Aldous Huxley, *L'art de voir, lire sans lunettes grâce à la méthode Bates*, Ed. Payot, 1990.

PAGE 82

20. Epître aux Ephésiens 4, 26.

21. A. Lipschitz, *52 clés pour vivre l'amour* - clé 49, Ed. Dervy, 2007.

PAGE 89

22. Jacques Lacan, *La Science et la vérité* – Leçon d'ouverture du séminaire tenu l'année 1965-1966 à l'Ecole Normale Supérieure.

PAGE 90

23. O.M.Aïvanhov, *La Nouvelle Terre*, Ed. Prosveta, 1985.

PAGE 108

24. O.M.Aïvanhov, *Vers une civilisation solaire*, Ed. Prosveta, 1982.

PAGE 114

25. A. Lipschitz, voir espritdessaisons.com.

26. *Le Kybalion : Etude sur la philosophie hermétique de l'ancienne Egypte et de l'ancienne Grèce*, Ed. Librairie du Magnétisme, 1999.

PAGE 117

27. O.M.Aïvanhov, *Puissances de la pensée*, Ed. Prosveta, 1996.

PAGE 118

28. Edmond Bordeaux Szekely, *L'évangile essénien de la Paix*, Ambre Eds.

PAGE 143

29. Robert Fischer, *Le chevalier à l'armure rouillée*, Ambre Eds, 2016.

30. Rosie Bruston, *Découvrir la méthode Vittoz*, Ed. Desclée de Brouwer, 2011.

PAGE 144

31. Raymond Dextreit, *L'argile qui guérit*, Terran Editions, 1993.

32. Jade Allègre, *Les silicates d'alumine (argiles) en thérapeutique. Une pratique coutumière ancienne relayée dans la médecine moderne* - Université Paris XIII, Faculté de Médecine de Bobigny, 2012.

PAGE 151

33. Fabrice Midal, *Narcisse n'est pas un égoïste*, Flammarion/Versilio, 2019.

SITE DE STÉPHAN JAULIN
stephanjaulininstitut.com

SITES DE AROUNA
arouna.com
voiedelamoureux.com

Direction : Catherine Saunier-Talec

Responsable éditoriale : Lisa Grall

Éditrice : Sophie Bartczak

Correction-adaptation : Carole Mills Pernet

Relecture : Maud Franquin et Chloé Blanche

Principe de couverture : Nicole Dassonville et Cécilia Rehbinder

Mise en pages et illustrations : Aurélie Lequeux

Fabrication : Anne-Laure Soyez

Responsable communication : Johanna Rodrigue

Responsable partenariat : Dana Lichiardopol - dlichiardopol@hachette-livre.fr

Dépôt légal : octobre 2021

ISBN : 9782017149811

1868175

Imprimé en Espagne par Macrolibros

Nous utilisons des papiers composés de fibres naturelles, renouvelables, recyclables et fabriqués à partir de bois issus de forêts adoptant un système d'aménagement durable. En outre, nous travaillons avec des fournisseurs de papier qui s'inscrivent dans une démarche de certification environnementale reconnue.

PAPIER À BASE DE FIBRES CERTIFIÉES

hachette s'engage pour l'environnement en réduisant l'empreinte carbone de ses livres. Celle de cet exemplaire est de : **1 kg éq. CO_2** Rendez-vous sur www.hachette-durable.fr

58, rue Jean Bleuzen – 92178 Vanves Cedex